没有你，我可以过得更好

最强大的分手指南

王莉◎著

How to Breakup with Someone You Love

北方妇女儿童出版社

分手是一门艺术，人人都应掌握

爱情是甜蜜的，也是残酷的。每个处于热恋中的青年男女都有这种感觉：自己和恋人会相爱一生。

但后来的事实多半是：要是早点分手，就好了！

为什么你的想法会有这种180度的大转弯呢？

这是因为热恋会蒙蔽我们的眼睛，使我们产生错觉。心理学研究证实，所有对感觉的自我预测都是极不靠谱的，处于热恋中的你，甚至无法预测未来一周你们的恋情状况。相信你一定知道罗密欧与朱丽叶的故事，但我们估计你没有留心“罗密欧前传”。就在与朱丽叶相遇的当天早上，罗密欧还因为被罗瑟琳拒绝而伤心、绝望，可是到了晚上，他遇到朱丽叶时就一见钟情了。

爱情就是这么让人难以捉摸！所以你们爱得死去活来时，自然坚信一辈子都不会分开。但残酷的是，对于多数人来说，都可能会经历多次痛苦的分手。所以，无论你现在的感情状况如何，你都需要一本关于如何分手的指南。如果你还未初恋或正在初恋，这本《没有你，我可以过得更好：最强大的分手指南》则更是必不可少的，因为你有98%的可能会分手，即使这是你的第二次恋爱，你仍有75%的可能分手；第三次恋爱，也有一半的分手可能性。

因为分手不但是一门技术，更是一门艺术——想要顺利分手，不但需要技巧，更需要有创意——所以你需要得到权威并且实用的专业指导。

这本权威实用的《没有你，我可以过得更好：最强大的分手指南》分为三大部分。

第一部分：每一天，都是放手的练习，其目的是让你对分手有个全新的认识，属于“认识分手”阶段。这部分内容主要介绍古今中外名人的分手史，以及关于分手的科学知识，内容囊括了七大分手原因、四大分手表达、五大分手时间和五大提出分手的途径。无论你是想甩人，还是担心被人甩，都能满足你的需要，让你分得顺利，断得干净。

第二部分：如果有一天，我们说分手，属于“分手过程”阶段。这部分内容主要帮助你解决三个问题：他要分手怎么办？你该不该向他提出分手？以及如何才能顺利分手？每一种指导方法都有坚实的心理学理论作为基础，保证科学、实用。

第三部分：没有你，我仍然会很好，属于“再出发”阶段。这部分内容首先指导你如何在分手后进行心理调适，然后是如何从失恋中走出来，以及如何不让过去的恋情影响新的恋情，最后是处理与前女/男友关系的态度、技巧和原则。

我们希望这本书能帮助你做出正确的分手决策，调整你分手后的心理，帮助你重新恋爱，最终找到能和你相爱一生的理想伴侣。

目　录

Part 01 每一天，都是放手的练习

Chapter 01 人生若只如初见

宁愿坐牢也要分手的李清照　013

陆游和表妹难以割舍的情缘　016

情感与理智较量的简·奥斯汀　019

总统的美女秘书为何会单身　022

萧红的爱情生死场　024

红色生死恋，陶然化蝶　028

因为慈悲、所以懂得的张爱玲　034

苦情的三毛　038

Part 01 每一天，都是放手的练习

Chapter 02 关于分手，你不可不知的问题

为什么要分手　045

分手，实在太普遍　045

分手的原因（1）：价值观不同　046

分手的原因（2）：性格不合　048

分手的原因（3）：爱情跟我当初想象的不一样　050

分手的原因（4）：我爸妈不同意我们在一起　051

分手的原因（5）：第三者介入　052

分手的原因（6）：对目前的爱情感到乏味　054

分手的原因（7）：距离是个大问题　056

CONTENTS

分手如何表达 058
共同发表声明 058
各自发表声明 061
微博对话 063
微博对骂 065

最常见的分手时间 067
情人节的第二天 068
愚人节和次日 070
新年到来之际 071
圣诞节前两周 072
寒假和暑假 074

提出分手的途径 075
最浪漫的分手：邮局寄信 075
最快捷的分手：手机短信 077
最方便的分手：QQ 留言 079
最难缠的分手：长篇邮件 081
最常见的分手：避而不见 083

Part 02 如果有一天，我们说分手

Chapter 03 **他要分手怎么办**

真想分手，还是情感诉求 089
不问，就得不到真相 090
必须避免的三种提问 094

如何应对真正的分手要求　096

为什么无法挽回爱情　097

友好分手，才可能挽回爱情　098

情感勒索的本质是心理绑架　101

因为不再爱，所以无法挽回　103

坦诚地接受分手　105

认清爱情不可强求的事实　106

放手也是一种爱　108

要不要分手费　109

Part 02 如果有一天，我们说分手

Chapter 04 你要不要提出分手

要不要分手　115

爱情的经营取向　116

必须分手的七种恋人　118

寻求认同　122

内心愧疚　125

认知失调是你不愿提出分手的根源　127

如果分手了后悔怎么办　129

避免后悔偏误　129

走出处置效应的误区　132

你为什么不能顺利和他分手　133

如何克服沉没成本效应　134

如何克服禀赋效应　135

消除忽略偏误　136

消除安于现状偏误　138

Part 02 如果有一天，我们说分手

Chapter 05 如何才能顺利和他分手

摆脱情感勒索 143

他属于哪种勒索者 144

如何应对情感勒索 145

最好的分手时机 147

选择在最美好的时刻离开 148

神奇的启动效应 151

如何提出分手才能少伤害对方 152

最常用最烂的分手借口：我们不合适 153

最没说服力的分手借口：我们性格不同 154

女人最难容忍的分手：失踪和冷淡 156

最有效的分手：承担分手责任 158

提出分手后，短时间内的注意事项 159

如何让对方死心 160

如何让对方不胡搅蛮缠 161

Part 03 没有你，我仍然会很好

Chapter 06 分手后的心理调适

被动分手者的心理特点 167

被动分手者的心理（1）：我是不是不好 168

被动分手者的心理（2）：我们还可以做朋友吗 169

被动分手者的心理（3）：他真没眼光 171

被动分手者的心理（4）：又被骗了 172

主动分手者的心理特点 173

主动分手者的心理（1）：我欺骗了他的感情 174

主动分手者的心理（2）：我是不是不道德　175
主动分手者的心理（3）：终于解脱了　176

分手后的调适方法　178
错误的调适方法　178
正确的调适方法　180
正面思考调整法　182
交流分析法　183

Part 03 没有你，我仍然会很好

Chapter 07 重新恋爱的注意事项

再出发，开始新恋情　189
还能再爱吗　190
又可以再爱了　191
接纳新恋情　192

如何不让旧恋情影响新的恋情　193
如何选择新恋人　194
如何拒绝不喜欢的人　195
拒绝的第一原则：拒绝需要，接纳想要　196
拒绝的第二原则：拒绝多次甩过你的前任　198
如何避免过去的恋情影响新恋情　199

Part 03 没有你，我仍然会很好

Chapter 08 如何处理前女/男友的关系

处理好你们的前任关系　205
莫让他误会你和前任的关系　206
处理好他的前任　208

处理前任的三个原则 210
处理前任的原则（1）：不拿前任对比现任 211
处理前任的原则（2）：不自我辩护 211
处理前任的原则（3）：切莫强制不去想“白熊” 212

处理前任的艺术 214
错误地对待你的前任 214
分手了就要少接触 215
友好地对待他的前任 217
寻求他前任的帮助 218

部分参考文献 220

Part 01 每一天，都是放手的练习

爱情就像一只洋葱，
你一层一层地剥下去，
总有一层会让你流泪。

Chapter 01 人生若只如初见

宁愿坐牢也要分手的李清照

寻寻觅觅，冷冷清清，凄凄惨惨戚戚。
乍暖还寒时候，最难将息。
三杯两盏淡酒，怎敌他晚来风急？
雁过也，正伤心，却是旧时相识。

满地黄花堆积，憔悴损，如今有谁堪摘？
守着窗儿，独自怎生得黑？
梧桐更兼细雨，到黄昏，点点滴滴。
这次第，怎一个愁字了得！

分手的人，都体会得到这句话的含义：寻寻觅觅，冷冷清清，凄凄惨惨戚戚。

这是最伟大的女词人李清照在寻夫路上的有感而发，也是她后来和丈夫流落南方，死了丈夫之后的写照。

李清照被称为千古第一才女，她十八岁时嫁给了赵明诚。当时皇帝姓赵，但李清照的夫家并非皇室，她的公公和皇室套近乎，自称和皇帝同宗，并因此连升三级。

赵明诚这个官二代可不是一般的纨绔子弟，他本人是著名的金石家。

这对恩爱的夫妻收藏了许多文物古玩。

后来，由于朝廷帮派之争，以苏轼为首的党派受到以太师蔡京为首的黑道势力排挤。李清照的父亲身为苏门后四学士之一，自然也是政敌打击的对象——被免职离京。

李清照希望大权在握的公公救自己的父亲，当时李清照的公公因为联合蔡京排挤旧党而得到重用，官至宰相。但公公却冷眼旁观，不愿出手。因为当时规定，皇族不得和苏轼派人物结亲。虽然赵明诚家算不得是真正的皇族，但却害怕惹上麻烦。

于是，个性要强的李清照选择离开丈夫，陪同父亲回乡。这次分手，李清照是哭着离开丈夫的。

第二次分手，则是和另一个男人的事了。这个男人叫张汝州。这段闪婚闪离的感情，从一开始就注定了不会幸福长久。

原来，李清照第一次分手后，赵明诚耐不住寂寞，于是娶了个小妾。然而，因为蔡京过河拆桥，赵明诚的父亲被蔡京排挤，赵明诚三兄弟陷入牢狱之灾。他出狱后回到了青州老家。这时李清照又回到了丈夫身边，一待就是十年。后来丈夫又出山，去外地任职，带上几个朋友，却没带妻子李清照。所以李清照开始有些埋怨丈夫。

李清照和赵明诚的感情，在第一次分手时就出现了一些问题。当时他们结婚两年了，却没有孩子，赵家把问题归罪于李清照。所以，当她陪父亲回乡时，赵明诚就移情别恋，找了别的年轻漂亮的女人。

他们俩结婚二十多年，却没有孩子，但丈夫希望有个孩子，他独自去外地上任，敏感的李清照自然会觉得丈夫冷落了自己。

事实上，在姐妹们的鼓励下，李清照来到丈夫任地时，果然受到了丈夫的冷遇。丈夫竟然和青楼女子鬼混。直到丈夫从那里卸任，做了另一个地方的太守，她和丈夫的感情才又好起来。

然而好景不长。金兵入侵中原，李清照和丈夫开始往南方逃亡，她丈夫病死途中，一段美满姻缘就此落幕。

她孤身一人来到了杭州。这时的李清照不但境遇孤苦，身体也越来越差，各种各样的病痛在折磨着她。

在杭州，李清照遇到了张汝州。李清照顶着世俗的压力，改嫁给了风度翩翩的张汝州，并不是因为张汝州长得帅，还是公务员。主要是张汝州想借李清照的名气提升自己，并认为李清照和前夫收藏了很多文玩字画。李清照身体不好，估计活不了多少年，到时他就是财产继承人了。

所以，他在李清照寂寞的时候说爱她，经常关心无依无靠的李清照，对她百般示好。结果，五十岁左右的李清照竟然相信了什么爱情，嫁给了张汝州。艺术家对爱情总是充满了幻想，女艺术家更是如此。

这是一段为利益交换而结合的感情，所以很不稳固。婚后，两人都感觉自己受到了欺骗。张汝州发现李清照根本没有字画文物了，因为在逃亡途中丢失了，所以原形毕露，对病中的李清照拳打脚踢，实施家庭暴力。李清照也因此发现了张汝州的虚情假意。

既然没有了感情，那分手就是必然。

李清照知道直接提出离婚难度比较大，虽然在宋代女性提出分手的现象并不罕见。比如岳飞的原配未经岳飞同意就要求离婚，而后又背着岳飞两次改嫁他人，却没有被判重婚罪，因为依据当时的法律：丈夫三年不回来，妻子可以自由改嫁。

但李清照和张汝州刚结婚，所以她要提出分手得有充分的理由——中国通常是不支持以“家暴”作为分手理由的。她注意到张汝州有个把柄：他的官职是科举考试作弊得来的，这可是欺君之罪。于是她举报了自己的丈夫。丈夫被革职查办，她自然就分手了。这段不到一百天的感情就此画上了句号。

为了坚决分手,李清照举报张汝州还付出了坐两年牢的代价。入狱后，由于家人设法给狱卒行贿，她仅仅在监狱关了九天便被释放。

陆游和表妹难以割舍的情缘

红酥手，黄藤酒，满园春色宫墙柳。
东风恶，欢情薄，一怀愁绪，几年离索。
错！错！错！

春如旧，人空瘦，泪痕红悒鲛绡透。
桃花落，闲池阁，山盟虽在，锦书难托。
莫！莫！莫！

这首词是陆游和表妹分手六年后在绍兴沈园重逢时写下的。

这对青梅竹马的表兄妹，美好的婚姻只持续了两年，而后分手了便不再往来。是什么原因导致了这对才子佳人分手呢？

这不得不提陆游的母亲。是她逼迫儿子休了儿媳，也是自己侄女的唐琬。有人说是婆媳关系不和，因为唐琬开明，有些事显得对婆婆不敬。事实上唐琬的性格温婉柔顺，冒犯婆婆兼姑姑的可能性不大。陆游在诗中记载，说他的妈妈稍有不高兴，身为儿媳的唐琬都会难过得流泪。

她在陆家的表现无可挑剔，孝敬姑姑，很早就起床打扫庭院，然后就下厨做饭。这可是美丽贤淑的大家闺秀。

唐琬对陆游，那更是无话可说。比如，她听说菊花晒干了做成枕头，可以使头脑清醒，心情舒畅，所以她就去采菊花给丈夫缝枕头。为此陆游还写了一首菊花诗。

也有人说，陆游母亲还未出嫁时，就和嫂子关系不好，所以也不喜欢侄女。后来让她做自己的儿媳，实属无奈。如果是这个原因，那么最后她肯定做不出逼儿子离婚的事。

还有人认为，分手是因为唐琬结婚后没有给陆家生育一男半女。结婚两年没生育是事实，但当时纳妾是风俗，如果仅仅是想要孩子，那么完全没必要休了老婆再娶。

所以，陆游被逼和表妹分手的原因，大概是他和表妹太亲密了，激发了他母亲的“恋子情结”：觉得儿子属于另外一个女人了——多数婆媳矛盾，都是无意识地争夺一个男人引起的。

四个儿子中，陆游的母亲最疼爱陆游，认为他是最有出息的，因为她在生陆游之前梦到了大文豪秦少游。秦少游名观，字少游，因此她给自己的儿子取名为陆游，字务观，可见她对陆游的期待有多大：“我儿子要成为像秦少游那样的大文豪。”

对儿子的期待越大，就越不能容忍外界对他的干扰。所以，当唐琬和丈夫恩爱时，她觉得儿子整天和老婆缠绵，影响了学业。陆游结婚后不久，参加了当年的进士考试。当时他的水平已经很高了，但还是没考上。于是她便把没考上的原因怪在唐琬的头上：“你成天缠着他，让他没心思学习，怎么能考上？”婆婆一旦这么想了，就会对儿媳越看越不顺眼，这就像恋人想和你分手时，总对你的行为鸡蛋里挑骨头。

事实上，儿子没考上的原因，是他在试卷中主张抗金，而当时的主流思路是和谈，但陆游的母亲哪懂政治啊！

所以，她天天给唐琬脸色看，找茬指责她，并提出要儿子和她分手。

陆游当然不愿和感情很好的老婆分手，但每次他母亲都拿唐琬不能生孩子为借口。他不想和心爱的人分手，但又怕让母亲抱孙子的希望落空。最终，陆游只得忍痛割爱。

在婆媳斗争中，如果男人必须放弃一方，那多半是放弃老婆，因为我们东方人的集体主义观念使得血缘关系成为首选。所以，你不要让他必须在老婆和老妈之间做出非此即彼的选择，比如落水问题。

还有人说，其实在分手之后，陆游和唐琬并没有断绝关系。陆游在外面租了房子，把唐琬安置在那里，两人秘密来往，直到被陆游的母亲发现，才断绝了往来。这不太可信，因为唐琬出身名门大家，很难做出这等事来。虽然宋代比较开明，皇帝也公开嫖妓，但名门大家对女性的管教并不宽松。

如果故事只到这里，顶多只是让人惋惜而已。

两人分手之后，陆游娶了一个姓王的女子，生了七个儿子，唐琬则嫁给了皇族赵士程。

在绍兴，每年的三月初五，是祭拜大禹的日子，这一天所有人都要去逛庙会。沈园就在庙会的旁边，这是人们逛完庙会后都会去的地方。

在他们分手后的第六年，陆游逛完庙会，也去了沈园漫步。就在他站在桥上看着桥下的流水时，唐琬和她的现任丈夫赵士程迎面而来。

偶然相遇，两人一下子都愣住了，百感交集，无言对视。

对视一会儿，唐琬把自己过去的事简要地告诉了丈夫。赵士程贵为皇族，为人宽厚，通情达理。他不但听了妻子的过去，而且理解和同情她的过去。因此，他让唐琬派人给陆游送了些酒食过去，然后和妻子走了。

这真是不该分手的时候，分手了，不该相遇的时候，相遇了。就像《小李飞刀》中林诗音对李寻欢说的："你既然走了，为什么又要回来？我们本来生活得很平静，你为什么又要来搅乱我们？"

陆游看着唐琬远去的背影，又看着她送来的酒食，伤心和悔恨涌上心头，于是提笔在沈园的墙上留下了开头那首流传千古的《钗头凤》。

但故事还没有结束。

在陆游写下这首词后不久，唐琬回到沈园，看到了这首题在墙上的词。

一石激起千层浪。虽然已经嫁作人妇，但她对陆游的感情一直没变。

因此，她也在墙上写了一首《钗头凤》：

世情薄，人情恶，雨送黄昏花易落。
晓风干，泪痕残，欲笺人事，独语斜阑。
难！难！难！

人成各，今非昨，病魂长似秋千索。
角声寒，夜阑珊，怕人寻问，咽泪装欢。
瞒！瞒！瞒！

这次不期而遇之后不到一年，唐琬因过度忧郁去世。后来，陆游去世前一年重游沈园，写下了这段爱情的最后一首诗：

沈家园里花如锦，半是当年识放翁。
也信美人终作土，不堪幽梦太匆匆。

一段无奈而凄美的爱情，终于落下了帷幕，留给我们的，尽是难以言表的感叹。

情感与理智较量的简·奥斯汀

“没有爱情，就绝对不要结婚。”

这是简·奥斯汀的忠告，她本人也一直坚守着她的信条，直到死也没有结婚。

如果你没读过《傲慢与偏见》，我相信，但如果你没听过这个名字，那就让人怀疑了，除非你没上到初中就退学了。这本书的作者就是简·奥斯汀，英国著名的女作家。

奥斯汀一直不肯结婚，让人难以理解。这么优秀的女人，竟然成了剩女，光棍一辈子。这不奇怪，她有个姐姐也终身单身，因为刚订婚就上战场的未婚夫死了，她便无法从悲痛中走出来。

奥斯汀也是因为多次与恋人分手，对她的打击太大，而失去了恋爱的信心。

她在年轻时爱上了一个从伦敦来的大学生。这个大学生叫汤姆·勒弗罗伊，正在读法律专业。

他们相遇时，正是奥斯汀姐姐订婚的日子。当时，奥斯汀正按当地习俗给姐姐念她写的致辞。这次相遇，情窦初开的奥斯汀对这个聪明的爱尔兰年轻律师一见钟情。

可是，奥斯汀的父母希望小女儿找个有钱的丈夫，以改变家庭贫穷的现状。而勒弗罗伊是个穷小子，他靠舅舅的帮助完成学业，老家还有一大群穷亲戚指望他来改变处境。

这座他们第一次相遇的小屋，因为凄美的爱情故事，如今售价已经涨到了一千万英镑。

他们第二次相遇，是在附近的树林里。表面上他们在斗嘴，但事实上他们都喜欢上了对方。这种感觉许多人都不陌生：有了自己喜欢的人，但又担心被拒绝时，通常不会直接表白，而是通过斗嘴的方式表达出来。这就是心理学上的自尊防御机制。

可是当奥斯汀打算和另一个男人订婚时，勒弗罗伊终于沉不住气了。他知道，有花堪折直须折，莫待无花空折枝，再不采取行动，明天她就成为别人的新娘了。所以在那个男人家的后花园，勒弗罗伊质问奥斯汀，她真打算和一个没有爱情的人过一生吗？

听到心上人的这句话，奥斯汀的心弦剧烈振动起来。她无法控制自己，亲吻了勒弗罗伊的额头，接着两人热烈地亲吻起来。勒弗罗伊决定娶她，把她带到伦敦。

当时女孩和男人私奔为世人不容，所以他们声称是去伦敦旅游，以寻找合适的时机向他舅舅说明情况。舅舅希望外甥找个有钱的女人。

舅舅对奥斯汀的印象还不错。当他问起她的职业时，她说是小说家，舅舅表现出不满意，因为当时小说家的地位很低下。勒弗罗伊赶紧说她写一本小说可以挣五百英镑，当时可是一大笔钱。

但关键时刻，奥斯汀家乡一个喜欢她的男孩给勒弗罗伊的舅舅写了一封信，说奥斯汀家里很穷。因此舅舅非常愤怒，说如果勒弗罗伊要娶奥斯汀,他将不为他的学费付一文钱。那意味着他无法改变亲人们的处境。

奥斯汀征求他的看法,但他的沉默让奥斯汀失望了。她只得返回老家。

原本这份感情就此画上了句号，奥斯汀也打算答应以前那个男孩的求婚，以改变贫困的家庭现状。但就在这时勒弗罗伊又回来了。

这一次，他坚定了决心，无论如何都要娶她。

悲剧再一次重演了。奥斯汀给父母留下书信，再一次和心爱的男人私奔了。女人啊，为了爱，可以什么都不顾。

在半路马车陷进了泥潭，所有人都下车，勒弗罗伊脱下衣服，交给奥斯汀,他去帮助推车。从他的口袋里掉出来一封家里亲人写来的感谢信，说没有他汇去的钱，他们都不知道该怎么办。看到这一切，奥斯汀决定和他分手了，因为她爱他，所以不能拖累他。

她再一次回到了老家，遭受着人们的嘲笑。之前爱他的两个男人，仍然爱她。不过她坚持了自己的原则：没有爱情,就绝对不要结婚。所以，第二次分手之后，她再也没有爱过别人。

她给姐姐的信中表达了无奈和伤心：“终于，这一天还是到来了，我将与汤姆告别。而当你收到这封信时，一切都已结束。一想到这些，我不禁泪流满面。”

勒弗罗伊的律师生涯一帆风顺，最终成为爱尔兰首席大法官，他给自己的大女儿取名为简，以纪念他当初的恋人简·奥斯汀。

这段恋情没有让奥斯汀成为勒弗罗伊太太，却激励她成为英国最受欢迎的女作家。她记得他给她看的禁书，他也记得后花园里甜蜜的吻。

总统的美女秘书为何会单身

民国四大才女之一的吕碧城才貌双全，身边追求她的王公贵族不计其数，但她却一个也看不上眼。

一朝被蛇咬，十年怕井绳，这句话放在吕碧城身上是恰当的。

这位震动京津的风云女子，袁世凯任总统时的美女秘书，拒绝了民国四公子之一袁克文、李鸿章之子李经义等人的追求，终其一生，不谈嫁娶，独自一人，这和她两次被迫分手不无关系。

吕碧城第一次被人抛弃，是在十二岁时。这一年她的父亲去世了。按照吕氏家族习俗，没有男孩，家产就归族人。在她母亲从京城回安徽老家处理家产时，她母亲被吕家雇人绑架威胁。

在北京的吕碧城知道后，马上给父亲的朋友和学生写信求援。最终，当地政府在各种压力下圆满地解决了财产纠纷。

她的这种做法却让她未来的婆家感到担心，认为她小小年纪就这么厉害，以后嫁过来，稍有不如意就惊动官府，那可了不得，所以提出了退婚。当时不像现在开明，那时从小订的婚，后来被夫家退婚，可是相当丢脸的事。

这种事情放在其他女孩身上，估计也就伤心一阵子。但吕碧城却不同，因为她看似坚强，实则相当脆弱。心理学家把这种性格叫作脆弱高自尊或防御性高自尊，是一种假性高自尊。

具有这种性格的人对负面评价信息非常敏感，对自我的评价高度依赖于期望结果的出现，因此极度害怕失去自尊的威胁，并常常采用不同的自我促进和自我保护策略。如果不能预料未来的情况，他们就主观断定这些情境对自己是不利的。

所以，每次有人来追求她时，她都保持高傲的姿态，以免受到伤害。非常喜欢她的袁克文借机试探她，问她要嫁什么样的男人。

她的回答让人望而却步："我这辈子看得上眼的男人不多，梁启超算一个，但他已经结婚了。汪荣宝人不错，可是也已结婚了。还有诸宗元，他的诗倒是写得不错，可惜太老了。"

她还公开了她找男人的标准，不看钱，不看门第，而要看文学上的地位。对她来说，其实结不结婚并不重要。她和《大公报》创始人英敛之的绯闻故事，就证明了这一点。

英敛之是满族正红旗人，原本是个穷小子，后来进了王府，给格格当了书童。单身男女天天在一起，怎么可能不情愫暗生？所以，英敛之一下子就成了皇亲国戚。也正因如此，英敛之参加戊戌变法而最终能得到慈禧太后的赦免，并赐他姓英。但他却转眼在天津办《大公报》骂慈禧。

吕碧城在《大公报》上发表了一篇文章，第二天《大公报》又刊载了一篇《读碧城女史诗词有感》，这显然是英敛之看了后很欣赏她的才华而写的。后来他还请她来当主编。

两人走得很近，英敛之对碧城极为倾倒，爱慕之心油然而生，因而引起了英夫人的不快。但她终究是皇族出身，修养极高，不会当街辱骂第三者，把家丑捅到报纸上去。她虽然一度想离家出走，但还是觉得赶紧学习才是最要紧的，否则就可能被替代了。为此，她甚至还打算去北京读书。

但英敛之用理智战胜了情感，他开始冷却和吕碧城的关系。同时，心高气傲的吕碧城也让她和英敛之不可能长期共事。她的二姐来调解他们的关系。

由于她以为是英敛之移情别恋，喜欢上了自己的姐姐，所以后来不仅和对自己恩重如山的英敛之绝情断交，同时也和二姐断绝关系。即使她大姐病死，她从美国赶回来奔丧，亲人们劝她念及骨肉亲情要她与二姐和好，她却当众发下毒誓："不到黄泉，毋相见也。"

吕碧城的个性决定了她和英敛之不可能友好分手。当时，英敛之发表了一篇叫作《师表有亏》的文章，批评几位女教师的打扮有损师德，穿着妖艳，不东不西，不中不外，还招摇过市。

那时女教师本就不多，打扮妖艳的就更少了，再加上之前英敛之就当面说过吕碧城的打扮。

吕碧城看到这篇文章，自然就觉得是英敛之在讽刺她。于是她也在《津报》发表文章进行还击。此后，她不再去他的报社，两人交情断绝。晚年两人虽然也曾见面，但感情也不复当年。

萧红的爱情生死场

萧红，这位著名才女在短暂的一生中，遇到了好几个男人，经历了一次次的分手。

十七岁那年，家人给她订婚。萧红的父亲是黑龙江省教育厅的秘书，未婚夫汪恩甲的舅舅是少将王廷兰。很可能王廷兰没有孩子，汪恩甲是他的继子。

萧红对汪恩甲也比较满意，因为人家也算得上是高富帅啊，还有体面的职业。所以订婚后两人往来密切，经常通信。萧红还给汪恩甲织过毛衣。

如果没有另一个男人出现，她和汪恩甲可能就共度一生了。这个人就是她的表哥陆哲舜。他是个大学生，在交往中喜欢上了表妹。当时他已经结婚了，但他不管这些，以鼓励表妹反抗包办婚姻的名义，怂恿表妹和自己私奔去北京上学。

这正合了萧红的心意。未婚夫在她最初看来很满意，但和这些大学生一比，就什么都不是了。更重要的是，她希望继续上学，但家里不希望她念更多的书,只希望她初中毕业就结婚。所以表哥怂恿她去北京上学，自然很有吸引力。

陆哲舜为了坚定表妹去北京的决心，他自己先主动从大学退学，提前半年来到北京上了一所大学。

初中快要毕业时，萧红告诉父母她想到北京去上高中，并且要解除和汪家的婚约。结果，她的要求不但没有得到同意，反而使得父母强迫她一毕业马上就结婚。

父母的做法激发了萧红强烈的对抗情绪。结婚的日子越来越近，同学们鼓励她逃婚跟随表哥去北京，因为她们都讨厌汪恩甲的纨绔子弟气。

于是，她假装很高兴和汪恩甲结婚，从父母那里骗到了一大笔钱，然后找准机会离开了哈尔滨。

这位充满激情和梦想的少女不知道，这是她走向无尽苦海的第一步。

她和表哥没能在北京待下去，因为没有经济后援，生活十分清苦。他们的钱无法满足长期在外读书所需的日常生活开销。最终萧红和表哥分手了。

未婚妻和别的男人私奔，放在今天的小地方也是大事。但这事并未动摇未婚夫汪恩甲和她的关系。回家一个月后，她又和未婚夫一起去北京了，她还告诉朋友自己很快就要结婚了。

然而，汪恩甲的哥哥代替弟弟，要求解除婚约。萧红不同意，并把对方告上法庭。汪恩甲为了维护哥哥在教育界的名声，表示解除婚约是他自己的要求。结果,萧红败诉了。当时这件事在呼兰县城闹得沸沸扬扬，萧红的亲人们都感到没脸见人，于是纷纷搬离了老家县城。

这件事让萧红的父亲颜面扫地，此后始终不肯原谅女儿，并把她从族谱中除名。

萧红也不肯原谅父亲，甚至在她怀孕，未婚夫汪恩甲不辞而别，而她差点儿被卖进妓院时，也没有向父亲寻求帮助。

然而汪恩甲还是喜欢萧红的。这从萧红随表哥跑到北京，他也追到北京二龙坑（现西城区二龙路）西巷想挽回萧红可以看得出来。

虽然在官司中汪恩甲的证词使得萧红败诉了，但当汪恩甲多次向她求婚时，处于孤立无助和寂寞中的萧红渐渐原谅了初恋情人。半年后，两人和好如初，只是因为汪家并不同意这门婚事，所以两人只得暂时居住在东兴顺旅馆。汪恩甲的意思是，等生米做成熟饭了，家人肯定会同意他们结婚的。

他们在旅馆里住了半年。旅馆老板考虑到他们两家都是有地位的人家，不可能不管，所以同意赊欠房费。

萧红怀孕后，汪恩甲决定和家里人摊牌。可是他此去再也没有回来，整个人都蒸发了。

有人说当时兵荒马乱的，他可能被日本兵枪杀了。也有人说，是他听到他舅舅因为抗日被日本人装进麻袋从楼上抛下，所以去看，结果也被日本人抓走了。还有人说，他是报复萧红和表哥私奔，故意在萧红怀孕时抛弃她的。

汪恩甲再也没有出现。在旅馆里的萧红，以等待的方式，结束了这段爱情。

但萧红的痛苦才刚刚开始。接着登场的是萧军。

萧军是在萧红最需要帮助的时候出现的。当时他是一名杂志编辑。未婚夫一去未回，不知所踪后，旅馆老板把萧红扣为人质，以追讨所欠的四百元房费，并声称，如果最终没有人来把她领回去，那就将她卖到妓院。

这个消息如同晴天霹雳。走投无路的萧红，想到了她曾投过稿的一份杂志的主编。但对方也没钱帮助她，只好让萧军送几本书来安慰她，而后萧军将萧红救出了旅馆。

是同情和感恩，而非爱情，让这对文艺青年走到了一起。这意味着，他们的结合只是一个巧合，他们的结果只能是苦果，因为他们的脾气和性格完全不是同一类人。萧军脾气大，言语不合就动手打人。萧红生性倔犟，吃软不吃硬，而且因为以前感情路上的挫折，让她特别在意维持关系，这使得她非常害怕失去爱人。越害怕失去爱人，就越想抓紧爱人，而脾气大的人，通常会认为这是对他的控制，所以这种性格差异导致了萧红和萧军常常闹矛盾。

而且在和萧红同居期间，萧军先后和另外三个女人关系暧昧。在萧军去世后，他的老婆说萧军爱她的一个重要原因，是因为她是处女。而他和萧红同居时，萧红显然不是了。

萧军经常殴打萧红，并且还不给萧红面子。有一次鲁迅的老婆许广平看见萧红左眼青了一块，便关心地询问，萧红说是晚上不小心碰的。萧军一阵冷笑："别不要脸了，是我打的！"

在这种痛苦的生活中，萧红说："我不知道你们男人为什么那样大的脾气，为什么要拿自己的妻子做出气筒，为什么要对妻子不忠实？忍受屈辱，已经太久了。"

而萧军从一开始就没把萧红视为自己的老婆。他曾公开说萧红单纯、倔犟、有才能，他也爱她，但她不是妻子，尤其不是他的。

眼看着萧军绯闻不断而萧红的痛苦无处可藏，鲁迅建议萧红去日本，借助空间向萧军提出分手，结束这段既爱且痛的恋情。因为这件事，现在有人认为鲁迅和萧红有些不能说的秘密。

就像和初恋情人分手时怀着恋人的孩子，这次分手她同样也怀着萧军的孩子。不同的是，这次她找到了真正的丈夫，也是唯一的丈夫——端木蕻良。

端木是萧军的朋友，也是他的情敌。他的性格和萧军完全不同，他生性阴柔，也比较体贴女性。当时很多男人都很同情萧红的遭遇，也喜欢和她聊天，但要娶她为妻，恐怕谁都没想过；而这正是每个女孩子都渴望的。只有端木提出跟萧红结婚，而且要举行婚礼，给她一个正式名分。

萧红嫁给他时，道出了所有女人的心声："我没有什么过高的要求，我只想过正常的老百姓式的夫妻生活。没有争吵、没有打闹、没有不忠、没有讥笑，有的只是互相谅解、爱护、体贴。"

红色生死恋，陶然化蝶

心头的酸泪逆流着，
喉头的荆棘横鲠着，
在人前——
都化作了，轻浅的微笑。

每个人和深爱的恋人分手后，都能体会到这种滋味。我们把受伤时的刺痛，隐埋在内心深处，还要在朋友面前装出开心的样子。因为我们不甘被人抛弃。

石评梅意外发现初恋情人竟然有妻有儿时，她惊呆了，愤怒地提出了分手。面对深爱她的人的关心，她只得咽下苦涩的眼泪，强作欢颜。

石评梅十七岁那年，考上了北京女子高等师范学校，今天北京师范大学的前身之一。她的父亲不放心女儿一个人在外地生活，于是委托得意门生吴天放照顾女儿。

吴天放是北大才子，生得风度翩翩，去美国留过学，在外交部任职。他爱好文学，写过诗歌、散文，在文坛上也小有名气。这种男人绝对是很多青春少女心中的白马王子。

吴天放不但在上京途中把师妹照顾得很好，到了北京后，他每天都要给石评梅写封信、打个电话。有时约她去远游，有时在她学校门房给她留一束鲜花。更关键的是他口才好，看法独特，而且他的脉脉温情和百依百顺，让这个身在异乡的小姑娘倍感温暖。因此，她把吴天放视为知己，并最终被他令人陶醉的情话征服。

石评梅这个多情重义的晋东女孩，一旦许诺，便终身不变。爱情啊，就是个魔鬼，一旦落在他的手中，便立刻成了他的俘虏。

每个人的初恋都是真诚的，对恋人的承诺也没有半点水分。石评梅多情重义，为了让男朋友放心，她承诺说：“别怕，天放！我们一旦相爱，不管今后彼此的命运如何，道路如何坎坷，我将终身不再爱第二个男人。”

她的承诺能换来什么呢？没有婚姻，没有忠贞，有的只是欺骗。

如果不是男朋友说工作很忙，最近才能抽出时间约她第二天在中央公园（现北京中山公园，在故宫隔壁）见面，而她想给他一个惊喜，或许她还会被欺骗下去。

当时，有个俄国诗人原计划在那天下午演讲，但临时改为第二天下午。

这可是她和男朋友约好见面的时间啊。约会和演讲她都不想错过，所以她决定提前一天去男朋友的公寓，想给男朋友一个惊喜；他们有一个多月没见面了。

下午两点，她来到吴天放寄宿的公寓。她推开大门，院里静悄悄的。吴天放的门口有个四五岁的小男孩正在用小铁铲铲雪堆雪人。

小孩问石评梅找谁，她说“吴天放”，那孩子说：“他是我爸爸！”

吴天放和老婆在屋里睡觉。当儿子叫他有人找时，他穿着睡衣从屋里走出来，身后还跟着一个少妇。

石评梅惊呆了，脑子里一片空白，两条腿也不受自己的支配。她没有质问吴天放为什么要欺骗她，她忘了哭泣，也忘了转身就走，只是呆呆地看着那一家三口。

这个纯洁天真的少女，对吴天放是那么忠贞，那么专一，因而受到欺骗给她留下了永远也抚不平的创伤。

第二天，吴天放把妻子送走后又给她打电话，约她去他的公寓。她拿起听筒，一句话没说就把电话撂下了。

她永远也不会再和他来往，永远不想再见到他。她要把三年多来的信件退回去，也要把自己写的收回来。

吴天放见她来了，很高兴，说他们还可以像过去那样，并且发誓他会更爱她。

石评梅只是默默地说：“这是你过去给我的信，现在我把它们还给你。请你把我过去给你的信，也还给我。”

石评梅要吴天放给自己一个说法。吴天放眷念老婆孩子，他既不愿意离婚，又想和石评梅保持恋爱关系。他说：“有她怕什么？有她，我们不也可以结婚吗？她在老家，你在北京，我并不想把你们俩弄到一块住的。”

“你想纳妾？想让我做你的姨太太？如果是这样，我又何必在‘五四’

过后不久就从山西平定山城，跑到京都女高师求学呢？做姨太太干吗非要来北京，干吗非要找你不可呢？你这位‘五四’运动虔诚的信徒，你反对旧礼教的革命精神哪去了？……你我再没有什么好说的了！把我过去给你的信，还给我吧。”

不管吴天放跪在地上怎样苦苦哀求，她坚决要结束这段关系。她毫无保留地把全部的爱都给了心爱的人，而他却是个感情骗子。

吴天放苦求无用，于是慢慢从地上站起来，冷笑着威胁她，如果不答应跟他和好，他就把她写的情书一天一封发表在报纸上。让全北京城的人都知道，她这位北京著名女诗人是怎样勾引一个有妇之夫，是怎样宁肯做人家的姨太太，也不顾那个原配的痛苦。这和现在分手时男朋友威胁要发裸照一样恶毒。

她没能要回信，烧掉了她和吴天放一起写的诗集手抄本，然后离开了这个令她伤心欲绝的初恋男友。

毕业那天失恋。石评梅带着一个颗因初恋受伤的心，从女高师毕业，进入北师大附中任语文老师和体育老师。在这里，另一个男人走向了她，并演绎了一段旷世绝恋。他们不是恋人,但比恋人更纯真。他们不是夫妇，但比夫妻更忠贞。

这个男人叫高君宇，也是北大才子，石评梅的同乡，比石评梅大六岁。

其实石评梅和他早在同乡会上就见过面，吴天放还说过他的坏话。吴天放告诉石评梅，听北大的同学讲，高君宇对婚姻恋爱很不认真，甚至到了不道德的地步。他本来早就结了婚，山西老家有老婆，可他从来不回家，把老婆丢在家中独守空房，自己在外面乱搞。

男人就是这样，自己搞婚外恋是浪漫，别人搞婚外恋就是不伦。

那时石评梅欣赏吴天放，加之高君宇忙于革命活动，东奔西跑，根本没时间见面，他哪里能博得石评梅的芳心？

初恋的女孩啊，不会看你有多大的事业，只想着谁能陪她一阵子，因为她会认为，只要能陪她一阵子，就意味着会陪她一辈子。

在高君宇最忙的时候，石评梅和吴天放经历了热恋和分手。石评梅分手后，高君宇约了石评梅和她闺蜜同去中央公园游玩。她的闺蜜问他有没有结婚。他道出了不幸的婚姻，打动了石评梅。

但她早已决定不再恋爱。初恋的挫折，心灵的创伤，足够她痛苦一辈子了。

在风声最紧的时候，高君宇躲到北京西山，他从悬崖峭壁上摘取了一片心形红叶，在红叶上写了两行字："满山秋色关不住，一片红叶寄相思"，化名寄给了石评梅。

要摆脱初恋的阴影哪有那么容易！

此时的石评梅，并没有彻底忘记吴天放。虽然她在理智上能够断绝初恋，但感情上却忘不了初恋情人。她可以绝情，但却难以忘情。她不会再爱他，可又忘不了他。

所以，收到高君宇夹在信中的红叶后，她在背面写了"枯萎的花篮不敢承受这鲜红的叶儿"，并寄了回去。

石评梅顽固地不接受高君宇。她对高君宇仍是往日的态度，并不因为感激升华感情。高君宇也顽固地爱着石评梅，无怨无悔。

石评梅的闺蜜说她在理智上很恨吴天放，在感情上却恋着他；她在理智上爱高君宇，在感情上又爱不起来。

为了能和心爱的女人在一起，高君宇为摆脱阎锡山的搜捕躲到老家时，征得妻子同意离婚后，诚恳地向岳父写了一封道歉信。顺利离婚后，他写信给北京的石评梅，他的爱已经深深打动她了。

石评梅动了以身相许的念头。现在他因为这件事，连婚都离了，再不答应，就太对不起他了。

就在这时，石评梅的初恋情人吴天放又卷土重来了。他还挂念着石评梅，一直关注她和高君宇的关系。有些男人就是这样，自己结婚了，可是心里仍时时想着以前的恋人，希望对方不要重新恋爱，目的就是希望有一天自己还有机会。

吴天放正是这样的人，他吃着碗里的，还看着锅里的。他给这个纯情的姑娘写了一封信："一方面我是恭贺你们成功；一方面我很伤心，失掉了我的良友……我总觉得这个世界上，可以安慰我的只有你，所以你一天不嫁，我一天就有安慰。"

这封信勾起了石评梅过往的伤痛。她痛哭一场，立即又去医院告诉高君宇，她要收回愿意和他结婚的承诺。这对高君宇是个重大打击。没多久，高君宇病情恶化，抢救无效去世。

两个相互倾慕的人，就这样在爱河的岸边止步了。

至此，石评梅才如梦初醒，悔恨不已，是自己的迟疑不决害死了心爱的人。她一直渴望爱情，可是真正的爱情却从未眷顾她。前半生她没有找到，后半生找到了却不敢接受。

在高君宇死后，她把他葬在北京陶然亭公园，每个周日都会去他的坟头痛哭。正如她所说的："我无力挽住迅忽如彗星的生命，我只有把所剩下的泪流到你坟头，直到我不能来看你的时候。"

她明知人生的尽头便是死的故乡，她将来也是一座孤冢，衰草斜阳，有一天她也会离开繁华的人寰，悄悄入葬，这悲艳的爱情一样是烟消云散，昙花一现，梦醒后飞落在心头的都是些残泪点点，然而她不能把记忆毁灭，把埋她心墟上的残骸抛却，只求她能永久徘徊在这垒垒荒冢之间，为了看守他的墓茔，祭献那茉莉花环。

石评梅因伤心过度，三年后也追随她的爱人而去了。她的好友庐隐在整理她的遗物时，发现日记本中写着两行字："生前未能相依共处，愿死后得并葬荒丘。"于是把她葬在高君宇的旁边。

今天，在他们坟墓的旁边，立有他们的雕像。它是青年人心中最纯洁爱情的象征，也是这段红色生死恋的见证。

因为慈悲、所以懂得的张爱玲

“生活是一袭华美的袍，爬满了虱子。”

当十七岁的女中学生写下这句话时，没有人想到她将创造一个传奇。事实上，她本人就是一个传奇，因为对她而言，爱情是一袭华美的袍，爬满了虱子。

她就是张爱玲，因为慈悲、所以懂得的张爱玲，是胡兰成在她华美的爱情袍子上放满了虱子。

胡兰成当时是南京汪精卫政府的宣传部副部长，是御用文人，具体地说，就是汉奸，并且他已经结婚了。这双重身份，怎么能和一位上海的未婚知名女作家联系在一起呢？

这要说到张爱玲在杂志上发表的短篇小说《封锁》了。这篇小说发表后，杂志社主编兼张爱玲的好友苏青给南京的胡兰成寄去了一本。苏青和胡兰成算是同乡，所以新办杂志就给他寄过去了。

如果不碰到封锁，电车的进行是永远不会断的。如果胡兰成不碰到这篇小说，张爱玲的爱情经历将是另一个传奇。

刚从监狱放出来不久的胡兰成躺在自家花园的藤椅上，翻着这本杂志。突然，他坐起身来，把一篇小说读了一遍又一遍。这篇小说就是张爱玲的《封锁》。

读了这篇小说后，他非常欣赏作者的才华，对张爱玲充满了好奇。

他立即给苏青写了一封信，说他想结识张爱玲。

苏青回信说作者是位女性，这更让胡兰成想向张爱玲表达敬慕之情。

苏青又给他寄了一期杂志，上面不仅刊有张爱玲的文章，还有她的玉照。这让胡兰成坐不住了，他想以粉丝的身份拜访张爱玲。

苏青说张爱玲从不轻易见人。其实苏青本人和胡兰成关系暧昧，有点儿吃醋的味道。另一方面，她知道胡兰成好色的本性，怕他对张爱玲始乱终弃。所以，当胡兰成向她要张爱玲的地址时，她迟疑了一下，但最终还是给了他。

胡兰成得到了张爱玲的地址，第二天就去了张爱玲家。张爱玲的管家说张爱玲不见陌生人，将他拒之门外。

胡兰成不死心，留下一张写有家庭住址、电话号码的纸条，希望张爱玲方便的时候可以见一面。

第二天，张爱玲打电话给他，说她马上就去看他。张爱玲看了他的纸条，原来是认识的。因为一年前胡兰成发表文章，说汪精卫的南京政府不能代表整个中国，而且日本必败。这样就得罪了汪精卫，差点儿被杀掉，张爱玲曾陪苏青替他向大汉奸周佛海求情。

当天两人聊得很愉快，第二天，胡兰成回访张爱玲。一来二去，两人很快就恋爱了。当时张爱玲二十三岁，胡兰成长她十五岁，结过两次婚。

已婚文人是文艺女青年的爱情杀手。

当时人们并不知道他们的恋情，因为人们都觉得张爱玲是名门之后，祖母是李鸿章的大女儿，母亲是清末长江七省水师提督黄翼升的孙女。而胡兰成不但有老婆，而且是大汉奸，同时年龄差距也大了点。

痴情的女人啊，爱上一个男人，就不计较他的身份，只想和他在一起。在送给胡兰成的照片背面，张爱玲写了几行字："见到他，她变得很低很低，低到尘埃里。但她心里是喜欢的，从尘埃里开出花来。"由此可以看出，张爱玲不光爱胡兰成，并且十分敬仰他的才华。胡兰成不但有文学修养，书法造诣也较高。酷爱中国书法的日本作家川端康成这样评价胡兰成的书法：“于书法今人远不如古人；日本人究竟不如中国人。当今如胡兰成的书法，日本人谁也比不上。”

他们相爱几个月后，胡兰成和老婆离婚了，并很快和张爱玲结婚了。

看起来，张爱玲找到了她的爱情归宿，虽然没有婚礼，也没有结婚证，只有她和胡兰成各自写的一句话：“胡兰成与张爱玲签订终身，结为夫妇。愿使岁月静好，现世安稳。”

但胡兰成是个滥情之人，结婚三个月后，日本人委派胡兰成去武汉接管《大楚报》。在一次空袭中他受了伤，住进了医院，很快就和一个十七岁的小护士勾搭上了。

他告诉小护士，自己在上海有个老婆，但又说他要纳她为妾。这个护士说她不能做妾，因为她的母亲是妾，不能母女都是妾。于是胡兰成瞒着张爱玲，和小护士举行了婚礼。

第二年胡兰成回到上海，和张爱玲住了一个多月后，才说他在武汉又找了女人的事。但张爱玲太爱他了，所以原谅了胡兰成。

胡兰成在上海住了两个月，回到武汉的新家后，又忘了张爱玲。

日本投降后，胡兰成感觉大事不妙，因为国民政府肯定不会放过他这种给日本做事的汉奸，于是他打算去日本。但张爱玲不同意，因为她祖母的父亲李鸿章签下了《马关条约》后，觉得是奇耻大辱，于是终身不踏上日本的领土。所以，胡兰成改变了主意，决定潜藏在国内。

正是张爱玲的这一决定，救了他一命：当初逃往日本的汉奸，最后都被遣返回国接受审判。

胡兰成改名换姓，化名张嘉仪，跑到诸暨高中同学家。诸暨是西施的故乡，自然少不了美女。

由于担心在诸暨也不安全，所以同学让他随父亲的小妾范秀美去温州避难。还没到温州，胡兰成和范秀美便做了夫妻。

半年没见到丈夫的张爱玲，打听到丈夫的下落，也一路追随来到了温州。看见胡兰成时，张爱玲说："我从诸暨丽水来，路上想着这是你走过的，及在船上望得见温州城了，想你就住在那里，这温州城就含有宝珠在放光。"

张爱玲终于无法忍受自己的丈夫同时还有其他两个女人。她心里只有一个男人，而这个男人心里却装着几个女人，叫她怎能不感伤？

张爱玲伤感地说："我要你选择，你到底不肯。我倘使不得不离开你，虽不致寻短见，亦不能够再爱别人，我将只是萎谢了！"

离开温州的时候，张爱玲已经知道，她和胡兰成的爱情，再没有挽回的余地了。

回上海后不久，张爱玲给胡兰成去了一封信："那天船将开时，你回岸上去了，我一人在雨中撑伞在船舷边，对着滔滔黄浪，伫立涕泣久之。"

他们最后一次见面，是胡兰成避难途经上海，和张爱玲住了一夜。胡兰成竟然问张爱玲他写自己护士情妇的那篇文章如何。第二天早晨，胡兰成去张爱玲的床前道别，俯身吻她。她伸出双手紧抱着他，泪水涟涟，哽咽中只叫了一句"兰成"，就再也说不出话来。

几个月后，胡兰成收到了张爱玲寄来的三十万元钱，还有她的分手信：

我已经不喜欢你了，你是早已经不喜欢我的了。这次的决心，是我经过一年半长时间考虑的。彼惟时以小劫故，不欲增加你的困难。你不要来寻我，即或写信来，我亦是不看的了。

自此以后，这场传奇之恋，就这样辛酸地谢幕了。

许多年后，张爱玲给住在日本的胡兰成寄了一张明信片，还附有她在美国的住址。胡兰成以为张爱玲旧情复燃，马上写了回信。但张爱玲一概不回了。

她收到胡兰成的新书《今生今世》上卷后，回复了一封信，然后就和胡兰成彻底结束了来往。

她为负心汉胡兰成付出了前半辈子的心血。

而后半辈子，这位民国才女同样过得不顺心。三十五岁的张爱玲到达美国后，认识了一个很不入流的剧作家赖雅。

相识四个月后，张爱玲怀孕了。但赖雅剥夺了她做母亲的权利，坚决不要孩子，张爱玲只得顺从。

结婚后，张爱玲和赖雅过起了居无定所的生活。后来更是因为经济状况不佳，张爱玲被迫和赖雅分手，回到香港。当赖雅中风后，张爱玲返回美国照顾他，直到他去世。而她自己这座孤岛，最后在美国的公寓里孤独地离世。

苦情的三毛

爱情就像小径交叉的花园。每条小径看似都通向远方，但其实每条小径都不是出路，只是在花园里打转。三毛的爱情便是如此。

和民国四大才女的爱情相比，三毛的结局是幸福的。虽然她以自杀的方式结束了生命，但最后一刻，她一定是幸福的，因为她将去另一个世界和心爱的人相会了。

三毛十三岁时有过一次恋爱，但算不得是真正的恋爱。这一年，她和家里佣人去小琉球旅游，途中认识了一个读军校的男生，两人谈起了恋爱，被家人发现后就分手了。后来是一个邻家男孩喜欢她。那个在香港上大学的男孩每周用淡蓝色、印着暗花的信纸给她写信，放假回家都来找三毛。但三毛并不喜欢他。

三毛的正式初恋是她在中国文化大学哲学系当旁听生时，遇到了学校的才子梁光明。中国文化大学是一所私立大学，三毛去上学时才成立两年，全校不过三百名学生。现在有不少我们熟悉的名人毕业于这所大学或它的艺术高中，比如几米、林志颖、大小S等。

长相一般的三毛，费了九牛二虎之力，才追到白马王子，自然很担心有朝一日失去恋人。所以，她很快就向梁光明提出结婚。

她没有想从此就过起相夫教子的婚姻生活，结婚只是她拴住爱人的办法。以后她每次投入爱情，都会很快谈婚论嫁。

为了逼梁光明结婚，她甚至办好出国手续。在临走的前一天晚上，她让梁光明做出选择：如果他答应结婚，她就不再出国。

但梁光明并不想结婚。他还有一年才毕业，三毛则还有两年，所以他希望再等等。

三毛却越发担心起来，于是说："等什么？等我们在这一年里分手？"

梁光明已经被三毛的敏感折磨够了，他控制不住地说她只想着结婚，只是想着嫁人，那又何必要来上大学。

受到刺激的三毛大骂梁光明，让他滚，让他去找不想嫁人的女生。自我而敏感的三毛，并不希望就此分手，她只想把他抓得更紧。她不知道，爱情就像沙，抓得越紧，留在手上的就越少。

初恋结束了，只持续了两年。伤心而绝望的三毛，在一个月黑风高的夜晚，拿起刀朝着自己左手腕的动脉狠狠地切了下去。

自杀未遂的三毛独自去了西班牙首都马德里。

就在这一年冬天，三毛结识了一个高中生，比她小六岁，还在上高三，他叫荷西。有一天，这个毛头小伙子找到三毛，郑重地告诉她，要她等他六年，等他上了四年大学，服完两年兵役，就要娶她。

如此感人的姐弟恋啊，怎么能不让敏感且失恋不久的三毛动情呢？

她幸福得流下了眼泪。

但他并不是她心中的王子。所以，虽然荷西承诺会爱她六年，但她并没有同样承诺对方。或许是三毛并不认为荷西真的会娶她，或许是六年对她来说太漫长。

那时，先后有三个男孩都追求过三毛，而且每个都要强于荷西。但最终三毛全都拒绝了。她在用初恋情人梁光明的标准衡量后来的男朋友。这也是很多女孩初恋失败后不能再爱的根源：因为无法走出初恋的阴影，所以会把每个追求自己的男孩都拿来和初恋情人比较。

三年后，她从西班牙回到台北，因为当初同意她做旁听生的校长邀她回母校的德语系和哲学系任教。不久，她在台北的“明星咖啡馆”认识了画家邓国川。那时咖啡馆很流行，是小资们经常光顾的地方，而“明星咖啡馆”经常有文艺界人士光顾。

邓国川一副看破红尘的德性。他愤世嫉俗、自命不凡。但这些都不重要，关键的是三毛崇拜画家（三毛曾学习过画画），所以邓国川的颓废和玩世不恭，在她眼里反而是艺术家的形象。

他们爱得很热烈。邓国川在他们相遇的咖啡馆向她求婚了。三毛以为自己终于找到了她爱并且愿意和她结婚的男人。

然而，这不过是个骗局。在举行婚礼的前一天，三毛发现邓国川竟然早就有老婆孩子了。

女孩啊，发现被骗了，没有一个会扭头就走的，尤其是付出的代价越大，越不可能放下一切，去寻找适合自己的新恋情。

三毛也不例外。虽然家人认为邓国川品性差，都反对这桩婚事，但三毛却甘愿去做他的小老婆，在他那破败的画室中为他洗衣做饭，也不肯离开。她为邓国川辩护，说家人对他有偏见，她觉得两个人只要相爱就够了。还有什么办法呢？如果不这样认为，她就会体验到巨大的心理失调。

但她付出的爱并没有得到邓国川的回应。爱情并没有化解他们的矛盾。邓国川厌烦了三毛，提出要离婚，并且三毛必须赔偿他的损失。他的离婚理由是，他发现三毛有精神病。

不得已，三毛的父亲为了解救女儿，赔出了一幢房子，邓国川这才善罢甘休。三毛这段恋情真是赔了夫人又折兵，被骗色又骗财。

和邓国川分手后，她的父亲见她情绪低落，所以鼓励她去打网球。

文艺和运动是最能擦出爱情火花的活动。运动场上的三毛又活跃起来了。她和一个德国人相爱了。一年后，他们打算结婚，并且订制了结婚的请柬。然而，连请柬都还没拿回来，不幸就又一次降临到三毛身上：男朋友心脏病突发猝死。

伤心绝望的三毛再次自杀，这次是用安眠药。但她又活了过来。

三毛又去了马德里。每一次分手，她都把马德里当成自己的疗伤地。她只是在重复过去的经历。

听到以前的恋人又回来了，还有一个月退役的荷西赶紧委托妹妹联系三毛，请三毛务必等他。

荷西和三毛的初恋情人，以及邓国川完全是两路人，他没有文艺范儿。两次感情失败后，朴素的荷西给了三毛重新生活的激情。

三毛选择了和“苦恋她六年”的荷西，在西属撒哈拉沙漠的当地法院公证结婚。婚后是三毛一生中最快乐的日子。

然而六年后，这份感情永远结束了：喜欢潜水的荷西因潜水意外丧生。这个爱她十二年、等她六年的西班牙男人，永别时没来得及对她说声保重。

三毛的感情也随着荷西而去，此后虽然传出很多绯闻，但她再没有真正接纳过任何一个男人。四十八岁那年，三毛在台北一家医院用丝袜上吊结束了生命。自杀，只是重复了她初恋分手后的行为。

Chapter 02 关于分手，你不可不知的问题

为什么要分手

周芳芳实在想不明白，追求自己时对她许下山盟海誓的男朋友，同居才两年，就想和她挥手说拜拜了。用她的原话说，当初要不是他死缠烂打，她一时心软，谁会答应做他的女朋友，更不可能和他住在一起。像他那样的男人，满大街都是。

她无论如何也接受不了男朋友要分手的事实。分手后，每次聚会朋友们问她怎么不把男朋友带来，她总是说他最近很忙，抽不开身。

她不能让别人知道男朋友和她已经分手了，因为她觉得这太丢脸了：被男朋友甩了，这绝对是奇耻大辱。

虽然每对情侣分手的理由各不相同，感情触礁后的心态也因人而异，但总的来说，分手对每个人都是一种心灵的创伤。

分手，实在太普遍

其实，爱情只是一种因缘的聚合。美好的爱情，自然是人人都向往的，但它却是最复杂的人际关系。

在爱情的马拉松长跑中，坚持到最后的只有少数。感情破裂，爱人分手，都是常见的事情。

所以，不要害怕分手。分手，说明他并不适合你，你需要寻找更好的人来陪伴。

所有的分手经历中，尤其要忘掉初恋。你对初恋的回忆越美好，意味着你以后的恋情越不美满。前面说到的民国四大才女之一的吕碧城，她的感情之路之所以如此崎岖坎坷，就是因为她始终走不出初恋的泥潭。

因为我们有比较的本性，所以每一次恋爱，你都会拿现在的恋人和前任恋人进行比较。但这种比较却是不公平的，因为你往往用现任的缺点，去对比前任恋人的优点。

如果你忘不了初恋，就摆脱不了对比效应的宿命。结果是，你的初恋越值得回味，你就越不可能找到满意的恋人。

不要害怕分手，就当每次分手都是累积经验。如果你才和他交往不到两年，就不要想着和他走进婚姻的殿堂，因为这两年是基本考验期。在两个月和两年之间，你们都能较为深入地了解彼此，能体会到他适不适合自己，所以这段时间分手的可能性最高。

不要害怕分手，因为百分之九十八的人，都会和初恋情人分手，并且四分之一的人分手两次以上，五分之一的人分手三次。这代表着什么？这代表一半以上的青年男女会分手四次以上。

所以，既然爱情留不住，那就痛快地分手。否则，强求的爱，对他是种折磨，你也得不到解脱。

分手的原因（1）：价值观不同

分手，是每个人都不可避免的事情。虽然分手的结局只有一个，但分手的原因却有很多。比如，你和他长期相处后，发现尽管你为爱情付出了很多，但他对你不真诚、没有责任感，而且还花心，或是发现他并不符合你的期待，未来的梦想不可能实现，那你就必然会提出分手。

吴玲是个优秀的女孩，上学时父母从不为她操心。她顺利地考上了名牌大学，找到了称心的工作。只要再找个好男人嫁了，家里人就完全放心了。

但她的爱情之路很不平坦。大学时的男朋友是家里的独子，不愿和她回北方，而她不想离开父母，谈了三年的感情，只好在毕业那天相拥而泣后分手。

后来，她在下班路上偶然邂逅了高中的同学。高中时两人没怎么说过话，她对他基本没有印象。正处于爱情空白期的她，在男同学的疯狂追求下，很快就缴械投降，两人陷入了爱情的漩涡中。

但交往一段时间后，她便发现自己和他根本没有共同语言。他只想找个女人来陪伴，以结束光棍的阶段；而她想找个精神恋人，反感身体上的接触。结果，因为两人的想法太不一样，所以她以价值观不同而提出分手。接下来，在相亲会上认识的几个看起来顺眼的男人，交往两三个月后，通通以想法不同、没办法说到一块儿而分手。

你和他的每一次分手，都会有一个原因。道理很简单，我们做每件事，都一定有个原因。

因此，当他决定要和你分手时，他就会找个理由，让你肯放他脱身。你想和他分手时，也会给自己找个理由，让他觉得你的要求是合理的，然后同意你开溜。

分手的理由五花八门，各式各样。比如有的人想甩掉女朋友会说她话太多，而有的人想甩掉女朋友就说她穿着不雅。这是因为他们实在找不到甩掉女朋友的理由，所以故意找茬。

现在已经没有人用这么烂的理由来提出分手了，因为它们怎么看都不像分手原因。如果再这么做，就显得太没道德了，因为这会被看作是自己想分手却又不愿承担分手的道德负担，所以逼迫对方分手。

现在，你的恋人提出分手的原因，也就是分手理由，很可能是“我们价值观不同”。这是个很难辩驳的理由，因为人人都有价值观，但它却是很抽象且很不明确的东西。不过，把价值观作为分手理由，会被人一眼看穿。因为在很多人看来，现在人们谈价值观很假。所以，经过了几十年的进化，价值观变种为理想。

理想比价值观更抽象，更不可捉摸，而且总能轻易就找到它的对立面。比如，他要甩人时，会说你没有理想，思想太保守，太追求安稳的生活，或者说你的理想太不实际，思想太激进，太爱冒险。总之，他将自己分手的目的隐藏在貌似合理的理由之后。

听到这种分手理由时，你不要以为改变自己的价值观或理想，就能挽回曾经的爱情。他对你的爱早已不存在了，所以才会用理想当借口，以掩饰自己不光彩的目的。这时，你不要再眷恋和他创造的家庭、婚姻，没有爱情的维系，一切都将变得虚幻。

分手的原因（2）：性格不合

我们生长于不同的家庭与教育环境，逐渐形成了独特的性格，这些性格通常有开明、保守、专一、多情、勤俭、奢侈。当你和他的性格差异太大又不能彼此包容时，就很可能产生冲突而分手。

性格不合，有时又叫性格不同，它不仅是常见的分手原因，也是完美的拒绝理由，而且还是无懈可击的分手借口，因为世界上找不到性格完全相同的两个人，更何况还是男人和女人。有种说法很贴切：女人来自金星，男人来自火星。在彼此的眼里，对方就像外星人一样陌生。

所以，性格不合是个绝妙的分手理由。正因如此，有五分之一的人提出分手时，都以性格和价值观不同作为借口，这一借口的使用频率远远高于其他分手理由。

其他四种主要的分手理由，从低到高包括：

※ 爱情跟我当初想象的不一样。

弦外之音：你的条件不符合我的期待。

※ 你有太多异性朋友。

弦外之音：第三者插足。

※ 我们相距太远了。

弦外之音：你陪伴我的时间太少。

※ 我的父母和亲友都不同意。

弦外之音：你的缺点很明显。

张晓丽长相一般，有份比较满意的工作，但她的感情一直都不顺利。她把感情受挫的原因归结于自己的性格不好。

她谈过三次恋爱，第一次分手时男朋友说他们性格不合，她太“开放”，经常和异性朋友一起。第二次恋爱时，她吸取教训，男朋友走到哪里，她就跟到哪里。最后，这任男朋友也同样以性格不合提出分手，因为她太黏人，没主见。

当第三个男孩追求她时，她首先问他喜欢什么性格的女孩。这个男孩愣住了，因为他没想过这个问题。她以为找到了对性格不加挑剔的男人。但热恋一段时间后，刚进入谈婚论嫁的阶段，男朋友又提出分手了：“以前我以为我们能克服性格差异，但现在看来，还是分开为好，因为我的性格不适合你。”

屡次受到打击的她开始怀疑起自己的性格来。每逢有男人对她献殷勤，她就开宗明义地提醒对方，她性格不好。男朋友们编造的分手谎言，让她产生了自卑感。所以，现在她对不满意的男朋友，也会以性格不合作为分手的理由。

我们衡量性格的指标是兴趣和爱好。男人通常不喜欢逛街，比较爱冒险，也比较开放，而女人则可能相反。这自然就成了他提出分手的理由。

他会说你们的兴趣爱好没有交集，难以分享彼此生活中的快乐。与其痛苦地在一起，不如忍痛割爱，因为长痛不如短痛，这样对大家都好。在后面，我将告诉你为什么即使要分手，也要慢慢来，而不能快刀斩乱麻。

分手的原因（3）：爱情跟我当初想象的不一样

相爱容易，相处太难。恋爱可以单纯得不食人间烟火，可以享受温情和二人的空间。但爱情总会回到柴米油盐，回到和你们的家人相处。你和他不是纯粹的二人关系，你们有各自的朋友圈子、亲戚关系。这些现实问题可能使他感觉爱情跟想象的并不一样。达尔文在考虑要不要结婚时，就写下了结婚后比较麻烦的事，其中包括陪老婆走亲访友，维持女方的亲戚关系。有些男人是不太愿意和你的朋友及亲人打交道的，因为他觉得这是一种负担。

谁都知道，说爱情跟想象的不一样，所以要求分手，几乎是不加掩饰、赤裸裸地甩人，连借口都不用。有什么事能跟想象的完全一样？根本没有。考上了理想的大学，发现大学和自己的想象不一样却不退学，因为这已经付出了很大的代价。考取公务员后，发现公务员的生活并不像想象的那样有滋有味也不辞职，因为可能找不到比这更好的工作了。

这就是说，当他分手时说，爱情跟他当初想象的不一样，表明他处于这两种情况中的一种：他已经有了更好的目标人选，为了甩掉你而不择手段，或是他对你们的这段感情付出甚少，结束对他没有多大损失。

他提出这个分手理由，不是说爱情不符合他的期待，而是你不太符合他的期待。比如，他在网络上看到了你漂亮的写真头像，而后对你产生了好感，但见面后发现你并没有沉鱼落雁之色，所以他越来越不满意，甚至觉得你从一开始就欺骗了他。

或者，你也可能用同样的方式提出分手，因为他并不像虚拟世界中那样完美和富有。在虚拟世界，你和他是用各自的优点谈情说爱。当迈进现实世界后，你们却要和彼此的缺点相处。这是因为虚拟世界中产生的过高期待,会掩盖现实中你们并不十分出色的优点。心理落差一旦产生，负面情绪就会随之而来。

在负面情绪中，你们只会关注彼此的缺点。这使得你和他都觉得上当受骗了。所以，自然就想以“爱情跟我当初想象的不一样”来结束这段本就不该发生的恋情。

当他以这个理由提出分手时,不要企图挽留他。找不到好的分手理由，表示他已经下定决心要和你分手，因为只有在这种情况下，他才会只求目的而不计较手段。

所以，他的分手理由越荒唐，你越要赶紧结束和他的关系。他对你已经没有爱了。你即使留住了他的人，也不可能留得住他的心。

分手的原因（4）：我爸妈不同意我们在一起

陆游和表妹唐琬是天生的一对，但他的母亲不同意他们在一起，所以只好分手了。焦仲卿和刘兰芝恩爱，相敬如宾，但焦仲卿的母亲因为刘兰芝不能生育，所以要他们分手，以娶邻家的美女，结果他们分手了。这是因为爱情虽然是你和他一对一的关系，但需要得到双方父母的支持。

所以，他提出分手时说，我爸妈不同意我们在一起，看起来是非常合理的。你只能怪自己，征服了他，可惜没能征服他的父母。

父母的看法和年轻人不同，一般考虑得比较长远，所以因父母反对而结束的爱情并不少见。所以，当他以此作为分手的理由时，你多半都不会怀疑这是他对你的背叛。

如果他真的很想和你在一起，就会克服任何阻力。当英国的爱德华国王被告知，如果他娶一个寡妇，就将失去王位，因为英国有规定，国王不能娶寡妇，也不能娶离过婚的妇女。结果，他成了爱江山更爱美人的典范，娶了心爱的女人，拱手将国王的宝座让给了弟弟。

我们中国男人，很少有愿意为了心爱的女人放弃权力和财富的。能共苦而不能同甘是他们的本性，所以才有陈世美不认妻儿，才有落魄书生李甲卖掉杜十娘。刘备一语道出了中国男人的本性：女人如衣服。这也是刘备的真实写照，每次大祸临头时，他都是抛弃老婆，独自逃命。

相对于男人的薄情寡义，女人通常更看重感情，所以七仙女愿下凡，卓文君敢私奔，祝英台要殉情。

有人可能会说，男人也有殉情的，比如焦仲卿。事实上，《孔雀东南飞》写得很清楚，他听从母亲的意见，和老婆分手后，老婆改嫁时他急得想自杀，跑去羞辱她——爱到极致便是恨。被误会的刘兰芝在改嫁的路上，跳河自杀了。于是焦仲卿带着悔恨，也上吊而死。

所以，当他以“父母不同意我们的事”为理由向你提出分手时，就放弃吧，因为这要么是他不再爱你，纯粹以父母反对为借口，要么是他爱你不深，所以父母反对就决定放弃。表面上，是他父母的反对，吹冷了他对你的感情，实质上是他原本就不那么爱你。

分手的原因（5）：第三者介入

爱情是一个自由竞争的市场，不分先来后到，因此有更好的对象介入时，常常导致分手。

多情的男女不愿为爱情做出承诺，喜欢发展多角关系。现在人们的爱情哲学是“人人都有选择幸福的权利”，所以他感觉第三者某方面比你好时，就有可能寻找机会换人。

爱情是只能容下两个人的世界，多一个人就会发生质变。这是因为我们都对爱情有独占欲。任何人也不愿和别人分享自己的爱人，这是几百万年来人类进化形成的本能。

恋爱和婚姻中的女人有强烈的独占欲，因为离开了男人独自照顾孩子需要付出巨大的努力。所以女人不会轻易让别的女人闯进自己的生活。

也正因如此，一旦找到自己的伴侣，女人通常都会冷落以前的女友、同学。她们的确需要维系关系网，以便自己在困难时可以获得支持，但她们又担心这些女友趁机抢走自己的男人。

男人对女人的独占欲更强烈。因为男人只有借助女人才能延续自己的基因，没有哪个男人愿给别的男人做嫁衣，替别人养孩子。避免这种局面的最好办法，就是独自占有女人。

如果男人像公猫那样，交配完成之后就离开，最后难保配偶肚子里的孩子就是自己的。因为母猫在发情期间会与多只公猫交配，所以同一胎小猫通常有两个以上的父亲，有时甚至达五六个不同的父亲。这种情况肯定不是哪个男人愿意看到的。所以，男人对待爱情更像另一种猫科动物：公狮。公狮有个特点：在母狮发情期间，它会寸步不离自己的“女人”，目的就是确保配偶所生的孩子都是自己的。

因此，无论男女，都容不得自己的感情中有第三者闯入。男人怕戴绿帽子，女人怕被抛弃。也正因如此，当女人移情别恋时，多数男人都可能提出分手。当然，在后面我们将谈到，由于禀赋效应的思考盲点，以及沉没成本效应，使得某些男人并不愿放弃不再忠于自己的女人。对绝大多数男人来说，发现女人另有新欢时，多少都有分手的想法。

女人则完全不同。当自己的男人有其他女人时，女人通常会采取行动维护爱情。她们不会责怪自己的伴侣，而是怪罪于“狐狸精”，比如原配殴打和老公偷情的小三。

这是因为女人的竞争力不如男人，所以她们倾向于保护现有的爱情，而不是重新寻求一段关系。

注重感情的女人，也可能追随新的情人。比如海伦因为受够了老公的冷落，当特洛伊的王子帕里斯出现时，她就义无反顾地和情人私奔到了新的国度，并引发了长达十年的特洛伊战争。

通常，女人主动提出分手，如果不是饱受虐待，或对现有感情极度失望，就是有了潜在的人选，因为骑驴找马是个可靠的做法。所以，当你提出分手时，男人首先想到的，就是你有了新欢。

在自己的女人有了别的男人时，男人不肯轻易放弃，其实是自尊心在作怪。他不肯输给那个男人。当他彻底打败入侵者后，就开始秋后算账了，甚至可能提出分手。这种男人是种残忍的动物，他们拼命夺回自己的东西，就是为了亲手毁掉。

由于男人更容易受到女人的诱惑，所以当他主动提出分手时，你也可能怀疑他有了别的女人。你会翻看他的手机短信，查看通话记录，任何蛛丝马迹都不放过。这不是你不相信他，而是你太爱他，所以怕失去他。你知道，如果说爱情是婚姻的坟墓，那第三者就是盗墓的，你不但怕贼来偷，还怕贼惦记着，所以你时刻都提防着有人来盗墓。

不管怎样，有第三者介入，你和他的感情世界就不会太平。当他倾心于第三者时，他不会以此作为分手的理由。他会以挑剔的态度，指出你们不合适的原因。他对你越是挑剔，则越可能是因为有了第三者，因为他在不自觉地拿你的缺点和新欢的优点进行比较。

分手的原因（6）：对目前的爱情感到乏味

他对你的爱在你们确定关系一年左右达到顶峰，而后日益淡漠，出现三年之痛、七年之痒，并且在十年左右完全消逝——除非他对你是真爱。所以诗人王尔德说，爱会随着结婚而结束。

完美的爱情，是由三种爱意构成的等边三角形。这三种爱意分别是最常见的激情之爱、浪漫之爱，以及伴侣之爱。

他对你的激情之爱，通常发生在一见钟情的情况下，就像火山爆发一样迅速、猛烈。为了追求你，他会白天和你在一起，晚上分开后还要电话不断、短信传情，通常要和你聊到凌晨。任何一个女孩，都无法拒绝这种火力强大的爱情攻势。这种局面要持续到你和他在一起一年左右，然后他就开始冷却了。

这种爱来得快，去得也快。它能很好地维持短期关系，但不是一种细水长流的打算。所以，当他的激情不再时，你们的关系可能会出现问题，你会抱怨他不再像开始恋爱时那么爱你，继而是不断的争吵。最终，他厌倦了这段关系，提出分手。

你和他的浪漫之爱，发生在出差、旅游等身处异乡的情况较多。你们相爱之前，了解不多，只是受到直觉的好感驱使，你对他产生了依赖。好感是一种很不稳定的情绪，容易发生改变。所以，如果他对你只有浪漫之爱，一般短短几个月，他就会提出分手，因为他已经感到厌倦了。

相对于这两种只能建立短期关系的爱意，伴侣之爱能维持长期关系。但它有个重大缺陷：没有激情，也不浪漫，所以建立关系很难，通常只发生在同学、朋友和同事之间。

你或许觉得，这样的关系就像白开水一样平淡。你宁愿轰轰烈烈地爱一场，也不要平平淡淡爱一生。我们都喜欢有味道的饮料，但却不能天天都喝它；要想活得更长久，白开水才是最明智的选择。

三种爱的优点和缺点比较

	优点	缺点
激情之爱	刺激	短暂，通常不超过一年
浪漫之爱	美妙	短暂，通常只有几个月
伴侣之爱	长久	缺少激情，不浪漫

如果担心他对你感到乏味而分手，那你可以尝试对你们的关系做一番补救。首先，如果你们的交往方式乏味，那么你可以换些新的方式。不要把和他谈情说爱当成是例行公事，也不要认为结婚后就万事大吉了。男人永远都需要得到爱。之前他对你的付出，就像是他把钱存进银行，一定期限后你不但要返还本金，而且还要付给他利息。并且，如果你给的利息太低，那他也会想着抛弃你，换一家“银行”。

其次，他对你们的关系感到乏味，是因为你没有精心安排，也不规划你和他的未来。当他感到和你没有未来时，自然就会对你感到乏味。

当然，他对你们的关系感到乏味时，不会以此为由提出分手，因为这会让他背上喜新厌旧的臭名声。这时，他的分手理由通常是你们性格不合，或是他已经找不到最初相爱的感觉了。

分手有个基本原则，无论他提出的分手理由有多么不合实际，你也不要当场揭穿。谎言被当场戳穿，人人都会狡辩或是愤怒，因为这意味着你认为他是个骗子。

如果你的每段感情结局都是不欢而散，那么下次开始恋爱之前，你就会考虑最后是否会同样悲惨。没有开始就预想着结束的思维方式，注定了你的新恋情也不可能很幸福。

分手的原因（7）：距离是个大问题

便利的交通，无界限的网络化生活，使得很多青年男女在错误的时间，错误的地点，遇到正确的人。

大学生恋爱的原因，多数都是有近水楼台的机会。大家从全国各地来到一个新鲜而又陌生的环境，感情空虚，同学在相互照顾的过程中擦出了美丽的爱情火花。但四年后，各自回到家乡工作，距离远了，联系逐渐少了，见面更不容易，所以感情越来越疏远。

网络恋爱或在旅途中遇到正确的人，最后分手也是同样的原因。恋爱当初，因为情感战胜了理智，觉得只要相爱，什么都不是问题。当激情的潮水退去，现实问题就会裸露在海滩。你需要一个归属，但他要实现自己的志向。

你和他的相遇，本来就是偶然。他对你的感情本来就不深，哪里经得起不断地折腾？

不过，他很少因这个问题提出分手，他并不介意在远方有个情人，因为归属感并不是年轻男人的首选。即使他不想再继续和外地女朋友保持关系，也不会主动提出。他通常会对你不管不问，让爱情自生自灭。所以，异地恋的情侣，通常都是女方提出分手。

如果你觉得和远方男朋友的感情没有未来，就提出分手吧。不要有内疚感，因为其实他可能也希望结束两人的痛苦，只是不肯落个负心汉的罪名而已。这时如果他提出挽留，多半是虚情假意，目的是扮演受害者，以减少承担感情失败的责任。

听到他的挽留，你或许不忍心甩掉一个声称还爱你的男人，更何况你已经付出了太多，所以你听信了他的挽留，继续努力地呵护你们的爱情。但你并不知道，这种感情多半还是要断的。与其藕断丝连，不如一刀两断。因为你给他留着门，就意味着不给自己重新恋爱的机会。男人接近你，是他想着有一天能完全拥有你。有位男士暗恋班花，为她做了十年的“备胎”，后来终于得到“女神”的垂青。可是结婚后不久，他发现妻子经常暗中和前男友亲密交往，于是他提出了分手，因为他意识到既然不能完全拥有，那不如干脆放手。

你给前任留后门，就像石评梅念念不忘吴天放，不仅伤害了自己，也伤害了爱你的男人。对于爱情，男人都是自私的，他们不会想和别人分享。所以，如果你和他相距太远，而这一现状又无法改变，那就勇敢地放手吧。

分手如何表达

有人认为，相爱不易，分手不难。两人的感情无法再继续下去时，提出分手就行了。这其实是没谈过恋爱或者正处于热恋中的人才有的想法。

真正想要分手的人都知道，提出分手确实不难，关键是如何提出来才能友好分手，因为如何表达分手，不但考验情商，也考验智商。

虽然分手的表达内容各有不同，但表达的方式，用得比较多的通常有以下这几种：共同声明、各发声明、微博对话以及微博对骂。

共同发表声明

分手时发表共同声明是一种聪明的做法。这种方式能减少相互伤害，毕竟每个人分手后还会继续生活，继续恋爱，还得面对很多人。所以，给对方一条活路，就是给自己一条后路。

别说是恋人之间分手时要考虑对方感受，古人就连打发高俅这样的人都留足了面子。高俅被逐出京城后，幸得外地的柳大郎收留。

三年后，获得特赦的高俅和柳大郎分别，说他要返回老家。柳大郎不但不为难他，反而给他路费，还把他推荐给自己在京城做官的亲戚董将士。

董将士不想收留他，但又不想得罪他，于是把他推荐给了大文学家苏辙，苏东坡的弟弟。小苏学士长年在京城做官，当然清楚高俅的来历，于是把他推荐给驸马爷，因为驸马爷喜欢这样的人。

看看这些有修养的人，竟然连和高俅“分手”也要给他留个面子，更何况他还是你曾经爱过的人呢？

如果觉得应该让关心你的人知道自己的感情状况，你可以和他发一份共同声明。当媒体抓拍到周慧敏的男朋友在酒吧和陌生女子激情热吻时，这段感情宣告结束，因为她不想再忍下去了。

但她毕竟爱过他，所以她的分手声明并没有谴责男朋友，而是充满回忆地说，她没枉费和男朋友轰轰烈烈地爱过，这是一段刻骨铭心的爱情。下面是她分手声明的原文：

我与倪震识于微时，一起共度过不能尽算的高低起落，早已磨合了一套我们之间的相处艺术。一个人的问题，两个人去修正；一个人的挫败，两个人去承担。我俩是一个团队的，没分高低，输赢也是一体。某种程度上，周慧敏早已是一位不同面貌的倪震。任谁一方受到伤害，另一方都愿抵御百倍的痛。一起走过将近二十个年头，绝对不是在一般人的准则下相爱，但外人却总爱用自己的一套价值观去评价、批判属于我俩之间的爱情。

今天我能够成为自爱、懂得爱人、拥有着无比勇气与承担的女人，请不要小看这个精神伴侣背后为我付出过的一切努力，包容、宠爱、照顾与扶持。都生活了这么久，没有倪震，成就不了今天的周慧敏。所以我敢大胆向各位说一句：“我的伴侣绝对犯得起这个错误”，而这句话，亦只我一人有资格去定论。看到伴侣事后为我做出的承担，我马上就原谅了他，又怎会有某些媒体创作出来的痛哭、拍台、大骂，这般无稽的谎言呢？不到一天，我看到了很多无比荒诞、狠毒、凉薄的炒作与诅咒，妖魔鬼怪都涌进来，越炒作越黑暗，置人于死地。

公众人物谈恋爱要承受异于常人理解的压力，从当年决定和不按常规行事的倪震谈恋爱，就知道是一场革命了，亦没有失望过。香港这片是非地，无风三尺浪，暗箭来自四面八方，行路踏错一步就如掉进斗兽场。当中我们需要的信心、包容、付出是一般情侣无法体会的。显微镜下看世界，任谁都难合格。

……最后，我要向每位真正支持爱护我的朋友说："我没枉费与倪震轰轰烈烈地爱过，永远刻骨铭心，此生无憾。而我自己亦会好好地勇敢活下去，一如既往。"

就在同一天，倪震也发表他的分手声明，郑重地感谢女朋友一再包容他的过失。他们发表声明之前有过沟通，因此是共同声明，只不过分开发表而已。下面是他的分手声明原文：

最近满城风雨，矛头都是我作为一个男朋友怎样失败。我多谢大家的意见和抨击，事发后也承诺过深切反省和负责。想了一星期，我再为我的错误向慧敏道歉，也多谢她再一次肯包容我的过失。但感情是两个人的事，变成了所有人的事，性质已起了改变。

雨过天晴不难，但可以保证暴风雨不再来吗？我问了自己这个问题很久，意识到我这次的错误并非如一些损友说是技术上不小心，而是结构上出现了明显的中年危机。我会正视问题，完善自我，不排除寻求专业辅助。在有信心改善之前，我明白我在大家的心目中不再是个称职的男朋友，更不配做慧敏的男朋友。为了令公众安心，为了显示我的后悔和承担，我决定引咎分手，和慧敏结束情侣关系，做回知心的朋友。

这无疑是极大的损失，但我相信传媒界，和慧敏的粉丝，都会欢迎我这个痛苦的决定。我不是个称职的男朋友，但做个称职的好朋友，我很有信心。我和慧敏相识近二十年，一向互相支持和了解。今日因我的不检点分手，也不会影响我们继续来往，处理合作的日常事务，和照顾爱猫。

我做错事，认了错，向慧敏交代了，也得到慧敏的原谅。基于问责分手，已是极刑。以前种种，我和慧敏不会再作回应。以后种种，请大家尊重我和慧敏只是朋友的关系，不要再定出情侣的标准。假如我们的关系再有变化，我们一定第一时间通知传媒，令大家可以再行监督……

读完这两人的分手声明，你肯定有种感觉：这哪是在谈分手？女方在努力原谅男朋友，男方在努力向女朋友道歉。他们每个人都为复合留下了后路。

果然，没有多久，这对分分合合的恋人，就正式结婚了。结果正如男主角所说的："动摇过，才懂得坚定；失去过，才学会珍惜。一场风波，令我们更了解互相的爱；四方压力，使我们更体会到彼此的不可分割。"

没能嫁入豪门的梁洛施，给李家生了三个孩子，没有真正被这个华人首富家庭接纳，但在她和男朋友的共同分手声明中，却没有丝毫的怨言。因为，既然已经留不住爱情，那就不如痛快地放手。

而有些人的分手声明则是干脆利落的，没有留后路，比如，他们会在共同分手声明中称，他们已经签订离婚协议。

至于多数人共同发表的分手声明里，通常都是先以性格不合为理由，以说明分手的原因，合情合理。然后可能以孩子为纽带，暗示他们不完全排除复合的可能性，尤其是双方都还留恋这份感情时，更可能发表这种有余地的共同声明。

各自发表声明

与共同发表分手声明事先有沟通不同，各自发表分手声明，多半是由于心怀怨恨，不吐不快。对方看到你攻击他的声明后，也不甘示弱。因为在爱情中，人人都觉得自己是君子，错误并不全在自己。事实上，分手时多数人都认为对方应负主要责任，甚至负全部责任。

因此，曾经相依相爱的人，如果未和对方协商就匆匆发表声明，通常只会使事态升级为人身攻击。

表面上，这种不吐不快的方式，能让人好受一点儿。也就是所谓的脾气发完了，就会雨过天晴。但这只是你的发泄错觉。实际情况是，你越是采取攻击的方式发泄情绪，就会越恨对方。交战国用敌国元首的头像供士兵练习射击，不是让士兵们发泄完了就没事了，只是为了激起士兵更大的仇恨。对于骂过的人，你是不会产生好感的。

很多人并不懂得这个道理。于是对他不满时，就会图一时之快，在网络上发泄自己的情绪。但网络是个公开场合，除非你不发布，否则哪怕是最私密的事也会变得众人皆知。结果，分手本来是两个人的事，由于采用各自发表声明的方式，变成了无法调和的公开局面。

民国四大才女之首的吕碧城，和她的绯闻男友英敛之，就是因为各自在报刊上发表攻击对方的文章，而变成了形同陌路的冤家。

在前面，我们已经说过这起分手的起因，是英敛之看不惯年轻女教师们穿着妖艳，打扮夸张，所以在自己办的报纸上发表了一篇措辞严厉的文章。当时他和吕碧城的关系已经恶化了，有人说是英敛之受够了她的古怪脾气，喜欢上了吕碧城的二姐，因为她性格温和，并且同样漂亮又有才华。

由于之前他就当面批评过吕碧城的衣着，当时这种穿着打扮的女教师也就吕碧城等几个人。所以，吕碧城自然把这篇文章对号入座，并且毫不客气也发表了一篇文章回击英敛之。对于吕碧城的隔空喊话，英敛之不解释，只指责她强词夺理，极为可笑。从此两人便彻底断绝了关系。

这种分手时相互攻击的方式在今天也极为常见，很多人分手都以攻击谩骂结束。真是分手了，也不忘互踹曾经爱过的人一脚。

为什么人们非要谩骂，就不能友好地分手呢？

这是因为在分手时会产生大量的负面情绪，而控制这些负面情绪会消耗大量的自我控制力。当这些能量被耗尽之后，你对他的负面看法就会脱口而出。例如，有一对明星情侣就因各自发表攻击彼此的分手声明，而被网友称为娱乐圈最闹腾的分手。

这对明星情侣曾被喜欢他们的粉丝称为金童玉女，是最般配的一对。但是，当媒体爆料他们即将分手的当天，双方就互揭对方“有小三”。隔天，他们分别发表了攻击对方的声明。他们没有想过，这种在网络上攻击对方的方式，其实是让网民声讨自己曾经的爱人。

分手后之所以会相互诋毁，是因为谁也不愿意承担感情破裂的责任。感情走到尽头时，双方都会分析失败的原因。如果将原因归结于自己，那就会导致认知失调，产生内疚感。为了让自己好受一些，于是清算对方的错误。

然而，感情破裂不会只是一个人的错。他有那些不当的做法，你可能也有一定的责任。所以，当他提出分手时，你也要想想自己有什么地方做得不好。如果你一味地怪罪于对方，即使开始了新的恋情，也难以善终。

相爱知温暖，分手识人性。所以，如果你要发表分手声明，不可把声明当成攻击对方的武器。否则，最后这场口水战会演变成一场闹剧，你们分手了，却成了人们茶余饭后的谈资。

衡量你的人品，不是看你如何对待朋友，而是看你如何对待敌人。如果你对朋友像春天般温暖，而对敌人像秋风扫落叶，那别人就会远离你，因为没有永远的朋友。今天他是你的恋人，能享受到春天般的温暖，说不定明天分手时他就成了你的敌人，那时他只感觉到你秋风般的冷酷。

微博对话

微博的出现，使得每个人都成了媒体人。只要愿意，你可以把自己的吃喝拉撒，都图文并茂地放到微博上去。微博之所以能兴起，是因为每个人都可以在这里满足心理需求：天天刷屏的想得到关注，发表感言的想得到认可，吐槽的在寻求情绪发泄。

面临分手时把情况发布在微博上，就属于情绪发泄。以发泄的用词差异，可分为微博对话和微博对骂两种。但是，这两者没有严格的界限，所以对话很容易滑向对骂。

微博对话也是一种协商模式，只不过它是公开进行而已。一般来说，恋人或夫妻之间，只有感性的人，或是两人的关系到了面对面无共同语言，才借助微博进行对话。如果还能谈，两人的矛盾还能调和，电话也要比微博可靠得多。

当王菲在微博中写道："这一世，夫妻缘尽至此。我还好，你也保重。"人们就已经猜到，当初人们看好的这对恋人，最终还是没能打破姐弟恋的魔咒。

很快，李亚鹏在他的微博中做出了回应。他写道：

我要的是一个家庭，你却注定是一个传奇。怀念十年中所有的美好时光。

爱你如初，很遗憾。放手是我唯一所能为你做的。希望你现在是快乐的，我的高中女生。

另，为了避免大家的臆测，在此公告所有关心我们的朋友：

1. 我们的女儿李嫣以后会跟我在一起生活，还请大家关照。

2. 我们从恋爱到结婚，财务一直是独立的，所以也不存在财产分配的问题。

祝大家一切都好，明天，太阳会照常升起！

两人通过微博对话，没有透露更多可供娱乐记者报道的细节，所以他们能得以友好平静地分手。那些关于第三者介入的传言，很快就烟消云散了。

但微博对话并非人人都适用。如果你和他都是非常情绪化的人，那在微博上对话就要谨慎了。尤其是你认为他应该对结局承担更多责任时，你发布的微博很可能带有批评他的内容。不管是不是他的责任，他都不会认为只有他一个人有问题，因为分手的时候每个人都有推卸责任的本能，除非他还想挽回爱情，否则不太可能肯放下面子向你认错。

所以，当微博对话处置不当时，就可能演变成微博对骂。这是一种损人且不利己的做法。

微博对骂

微博对骂无关修养和道德，只是情绪失控的表现。比如在方舟子和崔永元的转基因之争中，开始两人都是有话好好说。但不知从何时起，一方开腔骂人了，对话自然就不能再进行下去了。

情侣们的分手对话，也同样如此。开始时在微博中还保持对话，但对方略带抱怨或贬损时，就招来了更大的抱怨和贬损。结果，理性的人也可能把对话变成了对骂。

出现这种结局，通常有两个原因：一是因为报复会给人带来快感；二是因为我们在回击对方时总会加重惩罚，但自己却认为和对方施加的惩罚是相等的。

有位心理学家做了一项有趣的实验：两人相互电击。具体的操作是，一个人被对方电击后，必须用造成同等痛苦的电压进行报复。你猜结果怎样？结果相当令人吃惊：两人所用的电压越来越高。他们解释说：“他把我电击得这么疼，一定是XX伏的电压。”对方被调高的电压电击后，心想：“这么疼，一定是XX伏的电压。”

就这样，电压越调越高，这就像玩“打手”游戏的结果。两个小孩用同样的力轮流打对方的胳膊，起初都很开心，但不知什么时候两人真的打起来了。“他使劲打我。”

“没有，我用的力和你打我的力一样。是你打疼我之后，我才用同样的力打你的。”

某知名演员不知道这个心理学原理，他在微博上发布一份声明，原文是这样的：

由于近期网络盛传张某某与多位男士包括与我的婚恋传闻，已经严重困扰了我们的工作和生活，故特发以下声明：

我与张某某已于近日正式结束恋人关系，希望关注我们的人不要就我们的私人感情问题再做纠缠。

感谢那些一如既往帮助、爱护我们的朋友们。

感谢她多年以来的陪伴，衷心祝你们幸福！

他在微博允许的字数之内，道出了第三者是分手的原因，最后还暗示第三者确实存在——“衷心祝你们幸福”。

随后，他似乎还有话不吐不快，于是又写道：“伤害了别人不可怕，可怕的是用伤害别人的手段来掩盖自己的不道德，这不仅可怕，更可耻。一个人做错了事情，她最该做的并非威胁、倒打一耙，相反该是反省、忏悔、引以为戒。”

对方也不示弱，她在微博中写道：“我未想害过你，你却有这般恨意。放下，毕竟一无所有的那个人是我，不是你。开心过你的每一天吧，我们互不相欠，是你亲手揉碎了我的心，斩断原本可以回家的那唯一的桥……”

有人说，爱到极致即是恨。深爱过的一对恋人，虽然微博对骂使两人都得到了解脱，但也彻底断绝了关系。

最常见的分手时间

恋爱没有计划。只要遇到正确的人，并且碰出了爱的火花，而无所谓正确的时间，正确的地点，就可以谈一场恋爱。但分手却不同，分手不是一有想法就付诸实施的，通常需要经过反复权衡，然后选个合适的日子向对方提出来。大概没有谁天亮后就说分手,因为这很容易背上骂名，而且无可辩驳。

理论上，任何时候都可以提出分手。但提出分手的人既想给自己留下清白的名声，又要考虑给对方以最少的伤害。就像媒体报道的，老汉恋上洗足女，卖房赠奔驰车后老汉被甩，就不可能让对方轻松脱身的。因为这使得恋爱的目的太明显——这不就是想骗别人的钱财吗？如果等上一年两载后她提出老汉床上功夫差，续航时间短，要求分手，估计老汉也不会要她退回汽车了。

所以，提出分手的时间很有讲究。要说服别人，光有理由还不够，还要考虑他愿不愿接受你的理由。心理学研究表明，当一个人处于正面情绪时，更容易原谅别人，处于负面情绪时待人比较苛刻。情绪变化不符合乘法原则，会负负得正，而是加法原则，负负只能更负。因此，当他高兴时提出分手是聪明的做法。

心理学家调查发现，有五个时期是分手的高峰期，它们分别是情人节次日、愚人节和次日、年底、圣诞节前两周，以及寒暑假（如下图）。

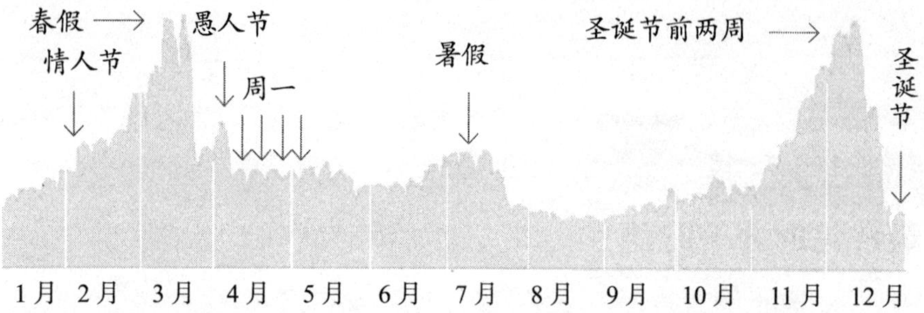

情人节的第二天

他们是在大学的同乡会上认识的，她对他的照顾很感激，很快两人就恋爱了。但后来她发现两人性格不合，而且还有一个更优秀的男生在追求自己，所以她决定在第二个情人节的前一天向男朋友提出分手。她想和新男友一起过情人节。

她的男朋友愣住了。接到这个分手电话，他整个人都麻木了，心真的像玻璃杯摔在地板上一样，啪的一声碎了。

他很期待即将到来的情人节，一直想着如何与她一起共度第二个情人节呢，他还买了情趣内衣、比利时黑巧克力，以及其他情人节礼物。听到这个消息，他当场崩溃了，自然是死活不肯同意。

有些人认为，既然不能再相爱，何不趁着情人节的前一天，或者情人节当天离开他呢？

但是，在他对你们的未来充满期待时，多半不会接受截然相反的坏消息，除非你给出的理由足够减轻他的认知失调，否则你的坦白是不会有任何效果的。

如果在情人节之后提出分手，效果又如何呢？

效果超乎你的想象。因为根据心理学上的峰终定律，我们通常只记得事件最强烈的和最后的部分。你让他体验到了情人节的快乐，这种快乐会冲淡分手消息所带来的痛苦。所以从总体上他并不那么痛苦。

也许你认为他会觉得又为你白白花费了买花、买礼物的钱以及精力，所以会恨你。但真正爱你的人往往会想，这个情人节是白赚来的。因为要是你在情人节之前提出分手，那他将度过一个没有情人的情人节，这种孤独的感觉才是最可怕的。这种反事实思维能让他的心里好受一点儿。我们都是这样的，你让我好过一点儿，我自然也不会太刻薄；如果你让我难过，我也不会让你舒服，因为感恩和报复都是我们的本性。

所以，如果想分手的时候临近情人节，就推迟几天，等到情人节过后再提出分手，这样反而更能减少他的纠缠。

但男朋友在情人节的第二天就提出分手，则可能有更多麻烦。因为现在婚前同居比较普遍，如果前一天还和女朋友同床共枕，第二天就说分手，这对任何一个女孩来说都是不可接受的。通常，这种情况在那些分分合合的情侣身上较为普遍。

由于女孩很难从分手的阴影中走出来，所以分手后可能还会在情人节给前男友打电话，希望能和他再过一个情人节。如果他正好处于感情的空缺期，一般是不会拒绝这个要求的。

在情人节，女孩可能抱有通过性关系来修复感情的幻想。但第二天，他可能提出不再和好的要求。比如他会说，对你又爱又怕，然后用以往你们分手的理由来说服你。至于你说的改正，他是听不进的了，因为他原本就没打算再复合了。他接受你一起过情人节的邀请，只是因为单身男人很少拒绝享受前女友提供的免费性爱。

这种男人固然可恨，既想享受免费的性爱，又不想负任何责任。所以，分手后不要与前男友一起过情人节，那只会让你再一次受到伤害。他真的可能在天亮后就说再见，然后再也不见你了，除非他又想从你那里得到免费的夜宵。

你在他生日后的第二天提出分手，也是出于同样的考虑。如果在他生日的前一天提出分手，无论你的理由有多么充分，通常都不可能得到肯定的答案。他会觉得你太残忍，因为在他最需要快乐的时候，心爱的人却要离开，这放在谁的身上，都是很大的伤害。

愚人节和次日

愚人节是个伟大的发明。它原本是法国人嘲弄那些因循守旧的人，因为他们反对查理国王对每年一月一日过年的新年改革。这一天，人们邀请守旧者参加许多虚假的晚会。现在，人们利用它来说一些平时不敢说的话。甚至有人说，它或许才是最受欢迎的情人节，而情人节反倒更像愚人节。因为情人节在用甜言蜜语骗着别人，而愚人节有很多男女用玩笑说出了真心话。

在愚人节表白爱情，不用承担丢脸的风险，因为即使被拒绝了，你也容易找到台阶。这一天就像进可攻、退可守的有利地形。

在愚人节提出分手，同样很有效果。但是不要指望这一次就能顺利分手。你还要在第二天再正式提出来。你在愚人节提出时，他会将信将疑，既痛又不太痛。当你第二天再给他确切信息时，因为他前一天已经有了这样的想法，所以不会太意外。

这种方法也是运用了峰终定律。但它跟情人节后的第二天分手又略有不同。前面是利用情人节产生的快乐来中和第二天产生的痛苦，而愚人节分两天提出分手，是利用结束时不太痛苦而使得整个分手不那么痛苦。

这种方法有点违背我们的直觉。对于分手，你可能有这样一种想法：长痛不如短痛，所以倾向于当机立断。但这只是你的错觉。如果你在最痛苦时没立即结束，而是等到不那么痛苦时再结束，最终你会觉得整个过程不那么痛苦。

在一项心理学实验中，病人们要进行疼痛难忍的结肠镜检查。一组病人接受了标准的结肠镜检查，另一组接受标准检查后，医生还会把仪器留在病人体内二十秒。两组病人的疼痛程度是一样的，只是第二组病人在最后一段时间没那么疼痛。

几年之后，第二组病人比第一组病人更愿回医院接受结肠镜复查，因为他们记忆中的结肠镜检查没有那么痛苦。

在愚人节听到分手消息并不会极度痛苦，而拖了一天之后，当他再次听到这个消息，就相当于医生把仪器留在病人体内一段时间再取出来，所以他在分手时不会觉得非常痛苦。你没有给他带来很多痛苦，他自然较少可能给你造成更多痛苦。

正因如此，在愚人节这几天，往往是分手的高峰期。因为结束得漂亮，一切都顺利。

新年到来之际

在 2012 年新年即将到来的前一天，也就是 2011 年 12 月 31 日，欧美流行音乐天后水果姐姐凯蒂 · 佩里收到了老公罗素 · 布兰德的短信，但内容的重点不是祝她新年快乐，而是向他提出了分手。在此之前一个月，他在媒体上回应分手传言时还信誓旦旦地说："我跟凯蒂在一起，永远在一起，我们都发誓过：只有死亡能将我们分离。而我还活着呢，不是吗？"这再次印证了耶稣关于誓言的看法。耶稣说："什么誓都不可起，你们的话，是，就说是；不是，就说不是；若再多说，就是从恶里出来的。"

每年的年底，也是你提出分手的好时机。这跟表白爱意不同，表白通常在新年之初最容易成功。但它们的心理学原理却是一致的，都是激发我们的启动效应。

启动效应是一种无意识控制，它无处不在，比如你在春天心情好，秋天多伤感，天晴心情也舒畅，下雨易忧郁，都是启动效应的表现。简单地说，所有的触景生情都属于启动效应。

因为启动效应，所以当新年来临之际，你便会觉得将开启一段新的生活，而当年底时，你便无意识地产生一种感觉：该结束了。

对于长期困扰你的恋情，在这个时候你更想结束，因为你觉得，不能再拖了，过了新年，意味着还得再忍受一年。

他也有同样的想法。当他对眼前这段恋情不满意时，也会抓住年底的机会向你摊牌。所以，如果你们的感情出现了危机，很可能在年底的时候结束。

在年底分手的情侣很多，一是双方都觉得破裂的感情应该结束了，二是想在新年寻找新的恋情，或是希望新年之后能过上完全不同的生活。

如果在元旦之前没有结束不满意的恋情，没关系，因为在春节前还有机会。但他也知道，这将是最后的机会，所以分手的理由并不充分，甚至显得毫无道理。比如，他可能告诉你，因为你们不合适，所以不想再浪费你一年的时间。

如果你想提出分手，也不能错过这个时间，因为在春节期间有家人陪伴，离开家人后，你会感到空虚，迫切需要有人来陪你，而他虽然令人不满意，但勉强还凑合。结果，你将这段可有可无的恋情，又拖了下去。

在新年到来之前的一段时间分手的人也非常多，就是圣诞节的前两周。调查发现，在这段时间，分手的人竟然占全年的五分之一。

圣诞节前两周

圣诞节是个吉祥的日子，因为这一天是耶稣的生日。在很多情侣心中，它也是分手的日子，有首歌就叫《圣诞分手节》。

但这一天并不是很好的分手时机，因为以后每到圣诞节，他看到街上成双成对的情侣，就会想起分手这件事，会想你现在正和谁在欢笑，然后会感到伤感。

加拿大两性关系专家调查发现，圣诞节之前两周，才是情侣们提出分手的旺季。这是因为圣诞节既在年底，又是重大节日，而我们都习惯了在重大节日评估旧恋情是否要继续发展下去，以及考虑一段新恋情的可行性。所以，如果你或他对目前的恋情不满意，那就更希望节后有个不一样的感情状态。

如果你和他安然无恙地度过这两周，那么在圣诞节分手的可能性会降到全年最低，多数都能持续到下一年的情人节。如果是在校学生，则还要接受漫长寒假的考验。因为寒假也是分手的高峰期。

为什么在圣诞节前两周提出分手能成功结束恋情呢?

要回答这个问题，请你先考虑这个问题：假设现在你有两个消息要告诉好朋友，一个是大大的坏消息，另一个是大大的好消息，请问你如何做?

最明智的做法，是先告诉他坏消息，然后再告诉他好消息，因为好消息不但会冲淡坏消息带来的痛苦，并且还因为结束得完美，所以最后留下的记忆是美好的。说穿了，这还是峰终定律的运用。

在圣诞节前两周提出分手，情况就跟这种假设一样，只不过好消息是圣诞节给他带来的快乐，而不是你告诉他的。你留出十多天的时间，让他适应分手的打击，接着激动人心的圣诞节到了，他才有心情去欢乐。

所以，如果你打算在年底结束旧恋情，选择在圣诞节前的两周提出，比较可能顺利分手。不要拖到圣诞节前夜或圣诞节当天。这是最糟糕的分手时刻。因为这相当于你只告诉他坏消息——他没办法在听到分手的坏消息后还能从圣诞节中找到快乐。

这也给你一个启发，如果你要分手，不要在重大节日的当天向他提出，选在节日之前两周摊牌，给他适应打击的时间，节日到了他才可能从中寻找到快乐。

寒假和暑假

眼见只有一个学期就毕业了，宋彤开始憧憬和男朋友成家、生子的美好生活。但是，男朋友过完春节回到学校，她便觉得有些不对劲，每次约男朋友，他都说最近很忙，没时间陪她，后来逐渐升级到发微信不回，打电话也不接。有一天，她登录男朋友的QQ，发现密码已经被他改了，接着微信密码、邮箱密码、银行卡密码……全都换了。在她的逼问下，他说：“我们两家相隔太远了，还是分手比较好。”

“以前不是说好了，毕业后我们就留在这里吗？”

“寒假的时候我也想了这个问题，家人里都反对我留在这里。他们要我回老家，因为我爸妈就我一个孩子，再说回老家发展也要容易一些。”

宋彤仍不死心地和男朋友交流了很多次。最后，她发现他想分手的真正原因，是寒假期间同学聚会上他遇到高中时暗恋的女同学，对方不但主动来追求他，还让家人把他安排到家族的公司去上班。

很多恋情都是在假期发生的，这意味着很多情侣也是在假期分手的。调查发现，寒暑假是学生情侣的爱情诅咒：一半以上的学生情侣都选择在假期提出分手。

放假期间，因为跟恋人天各一方，这时可能静下心来思考继续恋爱面临的问题。说到底，这种分手是因为长时间分开，缺少感情联络。当然，也可能在这段时间遇到了更合适的对象。

由于寒假在年底，并且还连着春节，所以寒假期间情侣不仅会受“结束”的暗示，而且还会无意识地产生重新“开始”的念头。受这两种启动效应的影响，寒假自然就成了分手的高峰期。

提出分手的途径

要成功分手，不但需要合适的理由、合适的时间，合适的表达途径也非常重要。无论是他提出分手，还是你想甩掉他，都需要选择一个最好的摊牌途径。

比如，你们正在闹矛盾，你觉得实在没办法继续爱下去了，所以你拿出手机，给他发了一条分手短信。或是你打开 QQ，弹出他给你的留言："我们分手吧，因为我们并不合适。与其痛苦地在一起，不如快乐地分手。"

也有人可能选择在相遇的地点提出分手，因为他觉得，从哪里开始，就在哪里结束。而有些人则选择避而不见，手机关机，QQ 隐身，就像从人间蒸发了一样。总之，每个人都有自己的分手方式。

调查发现，下面这几种分手途径较为常见：邮局寄信、避而不见、QQ 留言、手机短信、长篇邮件。很少有人在通话中提出分手，因为这多半都不会成功，而且找不到一个好理由说服对方。在电话通话中提出分手的，多半都是试探或情感勒索，这一点你要注意。

最浪漫的分手：邮局寄信

要不是收到男朋友的来信，她还以为邮局现在已经取消了寄信这项业务，就像取消了电报业务一样。她记得男朋友那在中山大学读哲学博士的同学结婚时，他想发一封恭贺的电报，结果寻遍了整个北京城，就只有西单附近的电报大楼一角还保留着发送电报的业务。

收到男朋友的信是个意外。她和他最近因为订婚的事争吵不断，所以拿到信的一刻，她还以为男朋友想在信中向自己道歉呢。结果，读完来信她彻底失望了。男朋友在信中说，因为其他方式都不好向她坦白他们并不合适，所以只好写信。这是男朋友写给她的第一封信，但没想到竟然是分手信。

后来，她也跟其他男孩分了多次手，但唯有这次分手最让她怀念。她说，还是邮局寄信的分手方式最浪漫。当时读了男朋友的分手信后，她写了回信。一来二去各写十多封信后，两人终于友好地分手了。

还记得张爱玲去温州看望胡兰成吗?

在温州时，表面上张爱玲跟胡兰成、范秀美三人坐在一起吃饭，有说有笑，但实际上她已经对这段感情绝望了。所以，她回到上海后给胡兰成写了一封分手信，说分手这事她考虑了很长时间，并声明不要去找她，也不要写回信，她不会再见他了。

用寄信的方式谈分手有个问题，因为通常一封信不可能解决问题，所以这种形式的分手过程比较漫长。但如果他采用这种方式分手，十有八九这段感情是走到尽头了。

分手信的内容越多，说明他分手的决心越坚定。这是因为写信的过程，同时也是理性思考的过程；信写得越长，思考的时间越多，分手就越不可能只是一时冲动的决定。

你肯定有过这种经历，有时跟他争吵，分手的话脱口便出。等冷静下来后，你会发现自己心里并没有真正想要分手，因为气愤使你暂时失去了理智。

寄出分手信后难以挽回的另一个原因，是我们通常都有白纸黑字写出来便无可辩驳的共识。分手信，说穿了就是一种分手证据，一种分手契约。

通过邮局寄情书能保持对爱情的忠诚，也是因为情书成了一种爱的证据。他在电话中表达对你的爱难以持久，是由于在他变心时你拿不出他对你许下承诺的证据。正因为如此，口头约定是最容易违背的协议。

通过情书建立的爱情破裂时，你通常会把他写的情书还回去，同时想要回自己写的情书，因为你觉得既然爱情已经不存在，所以当初约定的“契约”也应该拿回来。当石评梅决心跟吴天放分手时，她把他写给自己的情书全还了回去，并且要求归还自己写给他的情书，因为这能销毁当初他们相爱的证据。

同样的道理，分手信一旦寄出，他便获得了一种坚决分手的证据。在这种情况下，即使你努力挽留，他也很难再做出妥协。如果你想让他妥协，一个重要的环节是立即把他写给你的分手信寄回去，让他能在心理上“销毁”分手的证据。

如果你要留下他的分手信，那么你们的分手多半会成为现实。如果他把你的分手信寄回来，而你坚决要分手，那就不要让分手信再回到自己的手上。

最快捷的分手：手机短信

2006 年 11 月的一天，美国人凯文 · 费德林在加拿大刚录制完成宣传自己专辑的节目，坐下来拿起饮料时手机响了，是他的老婆发来短信：“我们分手吧。”当时摄像机还在录像状态中，全程记录了这起突发事件，于是他被甩的消息很快就传遍了全球。

你可能不知道凯文 · 费德林是何路神仙，但你多半应该听说过发送这条短信的那个女人。她就是当时全球最红的歌星“小甜甜”布兰妮 · 斯皮尔斯，她同时也是明星界“闪婚闪离”排行榜上的冠军，从结婚到分手整个过程只用了55小时。就在这次创世界纪录的分手当年，她嫁给了凯文·费德林，并在两年后用手机短信迅速完成了分手。她为此支付了1300万美元的分手费，以换取对方不出书或通过其他方式透露两人婚姻生活的细节和秘密。

手机的普及，既给人际交流带来了便利，也方便了情侣们分手。以前分手需要当面提出来，如果对方不依不饶，还要被人看笑话。自从有了手机，就再也不用担心这种尴尬了。

他向你表白时，可能是在通话中进行的，因为这样风险最小：如果你同意，他当时就能得到答复；如果你拒绝，他可以说是开玩笑，而且不用担心看到你给他难看的脸色。

但提出分手不同，多数人都会采用发送短信的方式。他在电话中提出分手，你肯定要问他为什么。通常，分手的真正理由都是不能直接说出来的理由，所以要分手，得编借口，得说谎。说谎其实是件很费脑筋的事情，稍不留神就会被识破，而在通话中编造分手借口更是如此，因为时间紧迫，他的思考不可能很周全。

他给你发出分手短信后，可以从容地应对你回复的短信，甚至干脆不回。他可以说没收到短信，或是当时很忙，没来得及看短信。等他想好能甩掉你的最合理借口后，再回复你。

我的一位朋友向我哭诉，一天她的男朋友忽然发了一条短信，说他们相爱容易，相处太难，早点分开对两人来说都是个解脱。

他们是在网上聊天时认识的。那时她失恋没多久，在她去外地的那段时间，闺蜜跟男朋友好上了。用她的话来说，虽然她们是好朋友，但争强好胜的闺蜜却什么东西都跟她争。

男朋友和好朋友的双重背叛，让她对爱情和友情都绝望了，所以当一个网友编织了类似的感情挫折故事，再看他的QQ签名，她顿时觉得自己和他同是天涯沦落人。

很快，他们迈出了虚拟的网络世界，开始见面、约会。他们忽略了现实中的问题，不顾一切地恋爱了。

她沉浸在甜蜜的恋爱中，希望和男朋友共度一生时，危机出现了。男朋友开始冷落她。不再主动给她打电话，她发短信不回，打电话不接，总是说很忙。原来，他的前任女朋友觉得还是他更好，所以吃回头草了，他们又重新在一起了。

收到男朋友的分手短信后，她回复了无数条过去。但无论她回复多少短信，他都一概不回。打电话则提示关机。好几天过去了，对方又发来一条短信，说前几天发短信时手机掉在厕所了，并问她分手的事考虑得怎么样了。

经历了这么多天的冷静思考，她已经明白这份恋情迟早是要结束的，所以她虽然很想继续，但已经力不从心了。现在，她又更新了自己的 QQ 签名。

最方便的分手：QQ 留言

QQ 是个好工具，因为它既可以帮助你找到恋人，也可以帮助你甩掉不再喜欢的人。

沈晓婉又气愤又伤心，因为她男朋友竟然在 QQ 上给她留言，说他们相隔太远了，还是分手吧。一个在东南的厦门，一个在西北的西安，当时最快的直达列车也要二十多个小时。

他们是高中同班同学，恋爱是高考前后几天才开始的。这是郎才女貌的一对：他被大学女同学们称为梁朝伟，而沈晓婉，用他的话来说，她的皮肤就像刚剥开的新鲜荔枝那样诱人。

这是多么令室友们羡慕的一对。但谈了不到两年，他却在 QQ 上留言要分手。她打电话不接,发短信也不回。她发疯似的往他的宿舍打电话，但他已经提醒室友们，只要是找他的电话，一律说他不在，什么时候回来也不清楚，因为他最近很忙。无奈的她也只得在QQ里给男朋友留言。但男朋友过好几天才回复，并且也是通过留言的方式。她只得接受分手这个事实。如今，她随家人去了台北，而他则在天津娶妻生子了。除了节日里礼节性的短信问候，两人再没有联络。

在通讯工具发达的今天，要彻底跟某人切断联系很难。他知道你的手机号码，知道你的电子邮箱。如果你不肯见面，他就会不断地打电话、发短信、往你的邮箱发送大篇幅的情感回忆录式的电子邮件。他不断压缩你生活的空间，让你无法喘过气来，最后只好露面。

对付这种死活不肯分手的人，你可以换个手机号，或是重新注册一个电子邮箱。所谓的手机号码一换，电子邮箱一变，分手就这么简单。但是你忘了，他还知道你的QQ号码。

如果你一个QQ号码用上两年，就很少会换，因为你靠着它维系你的朋友圈子。你的老同学可能不知道你的手机号码和电子邮箱，但通常不可能不知道你的QQ号码。

你和朋友们的网络聊天，也多半是通过QQ进行的。所以，换掉QQ号码，意味着你不但得舍去以前聊天的记录，还得跟老朋友们逐个重新建立关系。

虽然QQ会给分手带来麻烦，但它也有很多便利。比如，你通过短信提出分手，他能很快就给你打来电话，问你分手的原因是什么。你一下子就从主动变成了被动。如果换成QQ留言，效果则要好得多，因为他不可能时时都盯着QQ。你在给他的留言中提出分手，他没有当场质问你的机会。等到下次他离线时，你再回复他，这样，你和他的对话就像通过邮局寄信一样缓慢。

如果他想和你分手，也可能采用先换手机号码，然后在QQ上给你留言的方式。你打不通他的电话，只得忍受他三五天后才回复你。慢慢地，你就会如同沈晓婉对男朋友失去耐心那样，对他失去耐心，失去好感，因为你的心里觉得自己受到了冷落。谈恋爱的一个重要目的，就是希望能找一个人来温暖自己的心灵。所以，当他对你很冷漠时，你也会逐渐用同样的方式对待他。

要想用 QQ 留言成功分手，有个重要原则：必须保证他只能通过 QQ 联系你，回复他的问题也要用留言方式，并且拖得越久越好，但不能不回复。

因为刚得知自己被甩时，他的情绪很不稳定，情感完全压倒了理智。随着希望一点点破灭，他也越来越理智。当他意识到爱情留不住时，才可能放手。

最难缠的分手：长篇邮件

2012 年，水果姐姐凯蒂 · 佩里和老公分手后不久，便结交了音乐人约翰 · 梅尔，这个被称为水果姐姐最差男友的好莱坞花花公子，却在交往一个月后向水果姐姐提出分手，而提出分手的方式让人大跌眼镜：通过电子邮件。每次分手水果姐姐都不受重视，在此之前，老公向她提出分手也是一条短信，然后就失踪了。

相对于发送手机短信和 QQ 留言，用电子邮件来分手的人并不多。因为在即时通讯工具盛行的时代，你故意用延时通讯工具，会让人觉得你很不厚道，当然邮局寄信除外。用人们常说的一句话：分手就不能痛快点儿吗？

分手不痛快，说明还有爱。所以，如果他用电子邮件向你提出分手，那不是真正的分手，他只是为了试探你，或是他想通过提出分手的方式，加强对你的控制。所以，一个月后，水果姐姐和花花公子复合的新闻就上了头条，并且比以前更加高调地秀甜蜜。至于时隔三月后再度分手，是因为男朋友本性难移，背着她偷情。

但有种情况是个例外。他写分手邮件，是因为他对提出分手有负罪感。所以他写分手邮件的本意是想把分手的主动权交给你。

我同学的女朋友离开上海去香港中文大学读博士，给他写了一篇长长的分手邮件。但除了在两三处暗示他们应该分手外，整封邮件都在回忆和他在一起的快乐时光。他自然明白女朋友的意思，于是回了她的邮件，正式向她提出了分手。

总体来说，女孩更觉得分手是对恋人的伤害，所以不愿直接提出。对很多女孩来说，提出分手比拒绝追求者更为难，因为女孩对感情方面的感受格外敏感，不愿让曾经爱过的人受到伤害。

如果他不是真正想分手，只是想通过分手控制你，那这种分手会变得非常难缠。因为这是他对你们的关系没有足够自信的表现。不解决他的自信心问题，你就会不断受到他这样那样的“分手考验”。

你知道考验是爱和担忧的混合产物，但你会受不了无休止的纠缠。所以，刚开始你觉得这是他重视你的表现，很享受这种折磨。但如果他长期如此，你就会想逃离他。这时你会发现，你越想逃离，他越用分手邮件来控制你。最终，即使你彻底甩掉了他，也多半会闹得很不愉快：他掉进了确认偏误的思考陷阱而轻视你，你为付出努力却得不到回报而心生抱怨。

遇到经常写分手邮件的恋人，如果你认为能提高他的自信，就给他明确的答案。如果不能给他带来安全感，那就趁早离开他。

当然，如果写分手邮件的人是你，那你要多反思自己的行为，因为这种方法不会把他抓得更紧，只会让他飞得更远。当恋爱到一定程度时，重要的不是你有多少优点，而是他能否忍受你的缺点——通常他很难忍受你那些自以为是的想法；而反思自己的行为，能让你意识到你的有些想法是自以为的。

最常见的分手：避而不见

还记得负心汉陈世美甩掉秦香莲的方法吗？避而不见。宋江想甩掉包养的歌星阎婆惜时，也采用了这一招。阎婆惜则做得更绝：当她妈妈说三郎看她来了，她以为是自己的相好张三郎张文远——宋江的同事，于是赶紧打扮一番，走下楼来迎接。刚下楼，挑帘一看是又矮又黑的宋三郎，立马转身上楼回屋去了。这对宋江打击多大啊。第二天一早，宋江杀她时极度残忍，说不定也和这次羞辱有关。宋江和包养的情人相互都想甩掉对方，是因为宋江性能力差，而阎婆惜欲望强烈，所以喜欢上了宋江的同事张文远。宋江长相差，很自卑，脆弱的神经哪受得了戴绿帽子。

这些事实表明，作为一种分手途径，避而不见并不好。可仍有很多人都在采用这种方式。这是因为它与人类千百万年来进化形成的本能有关：面对危险时，我们本能地产生战斗或逃跑的反应。

想分手的人选择逃跑有两个原因：一是自己很清楚提出分手会伤害对方；二是以为避而不见恋情就会自动结束。对于一般人而言，提出分手都会感到不安，因为这是对别人的伤害。所以，有些人认为，与其直接告诉对方，不如什么都不说，消失一段时间，等恋情自己结束。

还记得哈代笔下的苔丝吗？她在新婚的当晚，和原本开明的新郎互相透露自己的历史。当新郎听到她曾经被一个公子哥儿强奸后，很快就离开了她，去巴西追求自己的事业。

但避而不见并没有割断他们之间的爱情。他在异国他乡事业不顺，又生重病，才体验到真正的人生。她在家乡，为了全家生计，再次被迫委身于当年强奸她的人。当他带着悔恨要找回苔丝时，苔丝为了能和心爱的男人在一起，于是杀死毁了她幸福的男人，然后亡命天涯。

如果这个故事比较遥远，那么杜拉斯的《情人》更广为人知。一个法国少女在越南遇到了一个中国富家公子。但这是一段令人绝望的恋情：

她不能战胜自己对他的偏见（当时白种人普遍歧视黄种人），他也不能不听从父母的安排，娶一个从没见过面的姑娘。所以她回到了巴黎，两人分开后再也没有见面。直到许多年后，他和老婆来巴黎时给她打电话，约她再见面，说还爱着她，并爱她到死。

事实上，多数当初避而不见的分手，最终不是反目成仇，就是旧情复燃。如果你真的想和他分手，这两种结局肯定都不是你期望的。你肯定希望分得平和，分得干净。

你不想因分手带来仇恨，也不想分手了还和他关系暧昧。女人不同于男人，女人都不喜欢暧昧。女人和男人保持暧昧，只是为了某一天能全部占有。而男人和女人保持暧昧，只是为了某天能占点便宜，却又不用负任何责任。

所以，如果某天女孩明白不可能全部拥有这个男人了，那她便会毫不犹豫地结束一切关系，因为再继续下去，她会认为自己不过是他的玩物。

Part 02 如果有一天，我们说分手

分手不会在一念之间，
被分的不知怎么办，
提出的担心后悔、害怕纠缠。

Chapter 03 他要分手怎么办

真想分手，还是情感诉求

你或他，无论是谁提出分手，都是这两种可能：一种情况是真想分手，所以提出来；另一种情况是对现状不太满意，希望伴侣按自己的意志改变行为，所以这时提出分手，只是一种情感诉求。

一般来说，最开始提出的分手要求，多数属于情感诉求。因为寻找和建立一段感情并不容易，所以没有人轻易放弃。只有欲求不满，对未来失望，你才想和他断绝关系。

你最开始提出分手，是希望通过这种方式，让他的行为更符合你的想法。说穿了，这是你对他的一种变相控制。女人都想改造自己的男人，所以你有这种做法并不奇怪。

但你要明白一点：所有对伴侣的彻底改造都是不可能成功的，因为人人都有自我意识。所以，当他意识到，你对他的控制超过了他的心理底线，他就会开始对抗。

即使他不直接对抗，也并不意味着你们的感情生活会很幸福。事实上，如果随你怎么要求他，他都只是顺从，那最终可导致严重的问题：当他对生活失去控制感时，会产生抑郁症，而抑郁症是自杀的主要原因。

判断他对控制的忍受警戒线，是他一改以往对你言听计从的习惯，表达了他的看法，并且非按他自己的意思执行不可。这时你只有妥协，否则后果很可能就是真正的分手了。

所以，你不要认为自己不是真想分手，只是用分手来诉求情感，就不会伤害你们的感情。当你的情感诉求成为一种习惯时，离你们真正分手就不远了。

如果提出分手的人是他，那你的首要任务，是识别他是想真正分手，还是希望你变得更完美。这时，分手理由的抓谎术就派上用场了。

你肯定也像很多人一样，通常会误读身体语言，比如认为脸红就是说谎，浑身冒汗就是心虚。其实这些都是抓谎的地雷，你尤其要当心。类似的抓谎地雷还有：不敢和你对视、封闭姿势、先发制人地质问你，以及紧握双手并感到紧张。

如果你不想伤及无辜，最好忘掉那些识谎书籍上介绍的微表情冷读术和身体语言识谎术，因为它们多数都较为专业，不是一两天就能熟练掌握的。

要掌握微表情分析术，除非你天生具备这方面的观察能力，或者持续训练十年以上，否则比胡猜乱蒙强不了多少。事实上，最靠谱的识谎途径，是分析他所说的分手理由。

不问，就得不到真相

任敏和男朋友是高中时认识并相爱的，他们同级不同班。高考时两人报考了东北同一座城市的两所大学，但她考试发挥失常，结果被调剂录取到本省的一所学院，两人相距了四千多公里。刚开始时，两人经常打电话、聊 QQ，因为都是刚到陌生的城市，身边没有朋友，所以对恋人格外依赖。第一学年结束时，她的男朋友没有回家看望她，而是留在了学校，说是希望打份暑期工，以减轻家里的经济负担。

她很支持男朋友的想法，为自己有个如此有家庭责任感的男朋友而高兴。但暑假结束后，男朋友在短信中说，结束吧，因为太远了。

她以为这只是男朋友在考验自己，所以并不放在心上。直到有一天，她登录他的 QQ，一切才真相大白：男朋友已经有了新的恋人。由于她没有追问他分手的理由，所以没能分清男朋友是真想分手，而不是情感诉求。

分辨他提出分手，是真想分手，还是情感诉求，就跟其他所有的问题一样，如果你不问，就不可能得到真正的答案。

一般而言，如果他第一次提出分手，很可能只是情感诉求。但这只是针对性格外向并且希望改造你的人。

如果他性格内向，通常都是你对他提出不满意的看法，那他的第一次分手要求，很可能就是来真的了。这就是所谓的不在沉默中死亡，就在沉默中爆发。他就像死火山，别看他平时不冒烟不发火，一旦爆发就要命。

所以，要知道他提出分手是真的，还是情感诉求，就得问他，因为只有他说出来，你才能得到确切的真相。要让他肯说出来，恰当的提问方式非常必要。下面我介绍几种已被证实最为有效的提问方式。

首先是预设提问

所谓的预设提问，就是指你对想问他的问题，其实已经暗藏着一个答案，追问是为了扩大战果。这种提问通常分为两步：第一步是表面上承认他的分手理由，第二步是扩大追问范围。比如，当他提出某个分手的理由时，你这样问他："除了这个理由，你觉得还有哪些理由我们应该分手？"

这是一种有效的提问方式，因为它出人意料。换个角度想一下，如果打算提出分手的人是你，你事先会做些什么准备？可能你要做的事情很多，或者不怎么准备，但无论如何，这件事你肯定会做的：想好分手的理由，并且设想他要问你的其他可能问题。

通常，恋人或伴侣提出分手时，我们都习惯地问为什么。这时他只需抛出早已编好的借口：因为我们性格不合，或是因为我父母不同意，或是其他什么理由。这些理由可能是真的，也可能是假的。

你很可能接着就问他，我们哪些性格不合，或是你父母为什么不同意。这是你的思维模式，也是他的思维模式，所以他早就想好了对付你的答案。

如果你打破这种思维模式，当他提出分手时，你问他理由，以让他放松警惕："看，事情正如我所预料的。"

当他抛出分手理由后，你不要再追问下去了。这时你可以先承认他的观点："除了性格之外，你认为还有哪些方面的原因？"

他肯定没想过这个问题。这时，他就不得不停下来思考了。如果他在你提出问题的五秒之内都没有找到理由，或是在这段时间内，他只是做出了与问题无直接关系的回应，比如他重复你的问题，或是反问你："难道光是性格不合还不够吗？"那表明他提出分手，很可能只是情感诉求，因为他所谓的分手理由，其实是希望你改变的借口。

这就是威力强大的预设提问，但多数人都不采用，因为要运用它，首先要改变思维模式。

另一个威力惊人的提问方式是诱饵提问

所谓的诱饵提问，指的是你首先建立某种假设的情境，目的是在他心中引起"心灵病毒"。比如你怀疑他是因为其他女孩而要和你分手，你可以这样问："如果我现在打电话问你的室友 / 好朋友，有没有任何理由他说曾看到你和某个女孩在一起？"

只要他有过这种事情，他就会开始回想，当时到底有没有人看见。所以通常他不会直接回答你的问题，而是用质问来攻击你，比如："你都不相信我，我们在一起还有什么意思？"

所以，诱饵提问不但可以帮助你识别他是真想分手，还是情感诉求，还能帮你找出他希望分手的真相。这种提问的基本表达方式是这样的："有没有任何理由……"

当他提出分手时，你不按常规出牌去追问他分手的理由，反而是问他：“如果我问你的同学/朋友，有没有任何理由他告诉我他曾看到你和一个女孩在一起？”表面上，这个问题有点儿冒险，因为他分手的原因不一定就是因为有了新欢。

但这样问他，你没有任何损失，一方面是因为男人真想分手通常的确是找到了更好的“下家”；另一方面，如果他想分手的原因不是有了新女朋友，你这样问他，他会显得十分愤怒，进而说出分手的真正理由——愤怒会让人失去理智，所以也更容易说出真话。如果他听到这样的提问，却只是气得无话可说，并指责你无理取闹，那表明他很可能并不真想分手。

但是，诱饵提问和预设提问的方式都不宜经常使用，否则容易产生相反的效果，通常在一次对话中只能使用一两次。

所以，要找出你和他之间存在的矛盾，仅仅用这两种方式提问是不够的。你还得运用开放式提问和封闭式提问。

学会开放式提问

所谓的开放式提问，指的是建立讨论基础或探究某个问题的提问形式，通常会引出叙述型的回答。举个例子：“当时你应该在办公室加班，跑到女同事家里去做什么？”

你这样提问，可能得不到具体的信息，因为开放式提问的主要目的是探索所有的问题。在他提出要分手时，你可以问他：“能不能告诉我，在你说出这番话（提出分手）前，发生了什么事？”因为有可能是父母施压，或是他和别的女孩勾搭上了，也可能是他受够了你的控制。

使用开放式提问有个原则：得到答案后，不要顺着答案继续深挖下去，你要进一步扩大询问的范围，因为他最先说出的话，通常都不是最重要的。这就像审讯犯人，不到最后关头，犯人是不会吐露实情的。所以，不断采用开放式提问，不断问他：“还有什么？”直到你无话可问了，然后再回过头来逐一采用封闭式提问，以询问你最疑惑的问题。

封闭式提问也有奇效

所谓的封闭式提问，指的是他提出分手时，你针对特定问题提出自己的疑问，并且他只能用是或不是来回答你。比如，“你是不是因为父母给了你太大的压力，所以才坚决要和我分手的？”或是“你是不是怕伤害我，所以才坚决要和我分手的？因为我知道你是个宁愿自己受罪，也不愿让我吃苦的好人。”

你只有用封闭式提问，才更可能得知他要分手的真正原因。比如，在我朋友结婚时，根据新娘当地的风俗，新娘的婚鞋由她的朋友们藏起来，他必须先找到婚鞋，才能把新娘接走。

他送出了无数红包，进了两道门后，来到了新娘的房间，献上捧花后开始寻找婚鞋。他并没有翻箱倒柜乱找，而是观察每个人的动作表情。他注意到有个人无意识地把自己的手提包抓得很紧，所以很顺利地从这个包中找到了第一只婚鞋。

但第二只藏得非常隐秘，他翻遍了房间的每个角落也没发现，所以一个人说，如果他肯给她一个大红包，她就告诉他答案。可惜他采用了开放式提问：“告诉我，鞋子是藏在哪里的？”对方告诉他：“就在这个房间里。”这等于给了红包却什么答案都没有得到。

没办法，他只得继续拿出一个红包，然后说：“婚鞋是不是在我老婆身边半米的范围之内。”这样问过之后，他大大地缩小了寻找范围。这个例子说明，想要得到具体答案，就应该采用封闭式提问。

必须避免的三种提问

沈晓婉的男朋友向她提出分手后，他再次打开 QQ 时，屏幕上全是她发过来的疑问句。

“为什么要分手？”

“我们的感情真的无可挽回了吗？”

“你是不是在那边找到了更好的女孩？”

“你是不是觉得我们太远了？”

……

对着这满屏幕的问号，他只回复了一个字：“嗯。”

这个字是什么意思？这什么意思都没有，因为她根本不知道这个回答针对的是哪个问题。其实，他这个回答没有针对任何问题。

他提出分手时，你肯定也像沈晓婉一样，有一大堆问题想搞清楚：他为什么要分手？他是不是有新女朋友了？他是不是觉得我哪里不好了？……没弄清楚这些问题之前，你是不会同意分手的。

当这些问题涌入你的脑海时，你可能一口气提出来——这就是所谓的复合式提问。采用这种方式提问，是每个被动分手者的本能，所以不能责怪你。但这种提问方式其实是在间接地让他顺利脱身。

你一定有过这种经历：在QQ聊天时，向某人一次性地提了好几个重要的问题。但你有没有发现，如果有些问题涉及当事人自身，并且很敏感，他就会避而不答，只回答其他几个无足轻重的问题，并且在这种问题上非常详细，以致你难以觉察他玩的把戏。

如果你想知道他分手的真正原因，那么肯定不希望他的回答避重就轻。要避免这种情况，就不要采用复合式提问的方式，不给他只针对某部分回答的机会。要解决这个问题很简单：一次只问他一个问题。

第二个要避免的提问方式，是模糊提问。这种提问的基本形式是：“可不可以谈谈你当时的感觉？”他要分手，你让他谈自己的感觉，这给他太大的余地，他可以随自己的意愿回答，而你根本不知道他说的哪句话是真的。所以，你只有保持问题的意思单一并且直截了当，才可能得到明确的答案。

最后一个不宜采用的提问方式是否定式提问。这种提问根据情况不同，可使他产生完全相反的两种态度。他听到你的话中带有否定的词语时，会无意识地以为你愿意接受“不”或“没有”这样的答案。

比如，当他说分手吧，你问他：“你没有找别的女人吧，对吗？”他可以什么都不说，只消轻松地嗯一声，就把你打发了。再如，你这样问他：“你不知道分手对我的伤害有多大，对吗？”这时，他就会强烈反弹，因为他会把这种提问理解成是对他的指责，并把这一点也列入分手的理由。

如何应对真正的分手要求

如果你避开了抓谎的雷区，并运用上面我提供的识谎技巧，确定他提出分手不是情感诉求，是真的希望结束这段关系，那你就要想办法应对这种情况了。毫无疑问，当听到自己被甩时，你可能很气愤，接着是想维持这段恋情。如果感觉爱情留不住，你就会开始憎恨他，贬低他，因为这能说服自己，他不值得你去爱，这能让你心里好过一点儿。这是多数人被甩时都有的心理过程。

你气愤是因为你觉得自己对他付出了那么多，他竟然想抛弃你——你只记得自己对他的好，不记得自己对他的伤害。其实，他也有跟你一样的想法，甚至更强烈，所以才要和你分手。

你想维持恋情，不是因为他是最好的男人，而是因为你爱过他，他是你的，所以你不想和他分手。在后面的章节中，针对这个问题我会从思考盲点的角度专门讨论。

爱情留不住时憎恨他，是因为恨他能让你好受一点儿。贬低他，能证明他不值得你爱，能减轻你的心理失调程度，这就像狐狸吃不到架子上的葡萄，就说葡萄并不好吃，很酸。

正是这个原因，一些人分手后，会把女朋友的艳照发布到网络上。有人认为这种行为是为了报复女朋友的薄情。但其实深层原因并没有这么简单：这其实是贬低她，让自己更好受一点儿。有些人分手后散布恋人的谣言，也是出于同样的心理。

或许那些贬低前任的人不肯承认自己有那么邪恶，说自己从来没有那种想法。这是实话，因为认知失调时的态度改变是无意识的，当事人根本就意识不到自己对前任的态度已经发生了改变。

当然，恋人坚决分手后，被甩者发艳照或散布谣言，虽然不是报复，但是为了方便报复。他要贬低你，才能报复你，因为报复一个好人会被人指责，而报复一个坏人则是大快人心的。当酒吧女被强奸时，有人怀疑她不是处女，以试图逃避法律的制裁，运用的是一样的心理手法。

所以，如果爱情无法挽留，也不要去贬低他、攻击他，因为你贬低他，意味着同时也在自我贬低。分手后，不要总想着他占了你的便宜，所以不肯轻易放过他。如果这种想法不改变，将严重影响你的新恋情，因为你担心另一个“他”最终也会抛弃你，所以你变得不肯付出。没有付出的恋情，一定是长不了的恋情。

因此，如果你和他分手了，我的建议是：善待历史，他不再属于你，但他仍给你留下了生活的回忆。如果你一直扮演受害者的角色，那你的内心不可能强大，只会越来越脆弱和敏感。

为什么无法挽回爱情

在他提出分手时，只要你还爱他，就不可能轻易答应放手。你会苦苦地刨根问底，为什么要分手。其实，你不会相信他说出的任何理由。

你追问理由，不是目的，而是想让他意识到他没有理由甩下你。

所以，他每说出一条理由，你都会反驳他，并且都带着指责的语气。你以为这样能让他意识到自己犯的错误。

可是，你这样做，真的能挽回爱情、留住爱人吗？

他最初提出的分手理由，极可能是假话。但如果你当场指责他说谎，不但不能留住爱人，还可能会使情况更加恶化。

例如，有个在商业上成功的男人想甩掉曾和他一起打拼的老婆，于是以老婆没给他生儿子作为分手借口。对方指出他其实是想和年轻漂亮的女秘书在一起。他的不良意图被识破后，恼羞成怒，对她实施了家庭暴力。女人不堪忍受，最后只好同意分手。

由此可见，反驳他提出的分手理由，不但留不住爱人，只会增强他离开你的决心。如果你对他的分手要求处理不好，他宁愿打光棍，也不想和你共度此生。

友好分手，才可能挽回爱情

他和张莉莉相遇其实只是巧合。高中快要毕业时，他喜欢上了一个女孩，并且上大学后坚持每周给这个女孩写一封信，而对方始终对他没有感觉，所以把这些信当成笑料给了闺中密友张莉莉阅读。看着一封封充满纯朴爱意的情书，张莉莉被打动了，所以她开始联系他，而他以为通过她的帮助，能获得自己想要的爱情。

当最后一次被心爱的女孩拒绝后，他答应了张莉莉做自己女朋友的请求。然而，两人交往一年过后，张莉莉感觉他不是自己想要的那种男孩，所以提出了分手。

他没有多说，默默地给她买好回程的车票，送她到所在的车厢。列车开动时，他发短信告诉她，在去火车站的公交车上，他偷偷在她的行李箱里装了三百块钱，以便她在车上买饭吃，别让身体受苦。这一刻，张莉莉流下了眼泪，透过模糊的车窗向他挥手。

但回去之后许多年，张莉莉也没有联系过他。在他结婚的前一天，她忽然来了电话，说她永远爱他，他的电话号码记在一个只属于他的地方，但她没有勇气拨通。“和我提出的分手理由相比，我感觉他的人品太好了，我觉得自己配不上他。”她对闺蜜说，“我们两人错过了一个好男人。”正是因为友好的分手，让张莉莉一直对这段爱情念念不忘。

所以，如果你想要挽回爱情，在她提出分手的时候，不能大哭大骂。听到自己被甩了，你就像小孩失去了心爱的玩具，很难保持情绪稳定。但失去的玩具不会因小孩的哭喊而回来。你的爱人也不会因你的眼泪而留下。

事实上，你摆出这副姿态，只会使他觉得，看来离开你是个明智的选择。因为你贬低了自身价值，并且给他留下了糟糕的印象。男人不爱吃回头草的根源，是分手时他被你折磨怕了，对你们的那段恋情没有丝毫美好的回忆，因此，他对你没有一点儿牵挂。

女孩分手后喜欢回到前男友的身边要求复合，是因为当她提出分手时，男人通常较少纠缠，分手的过程很友好，所以她就只记得了他对自己的好。这种美好的回忆，和对现任男朋友的不好记忆，形成了鲜明的对比。你也看到过有多少女孩在受到男朋友的虐待后，拨通了前男友的电话。

还记得萧红在未婚夫和表哥之间的徘徊吗？当表哥出现时，他向未婚夫提出分手，未婚夫不同意分手，家人也反对时，她从家里骗了一笔钱,然后跟随已婚的表哥偷偷地跑到了北京。和表哥在北京吃尽了苦头后，她又想起了未婚夫对她的好，于是又回到了未婚夫的身边。

因此，当他提出分手时，你要平静、友好地倾听，然后表明你对这段爱情的正面态度。给他美好的记忆，就相当于给他留着回家的路。恋爱中的男人和女人都像小孩，关在家里想出去，在外面吃了苦就会想回家，因为家给了他美好的回忆。

法国喜剧电影《私奔B计划》讲了一个友好分手、最终又复合的爱情故事。女主角家族的婚姻似乎都受到了诅咒：家族每个成员都是头婚一定是悲剧，二婚才幸福。也就是说，他们的第一次婚姻注定是会失败的。女主角有个相爱了十年的男朋友，她决定和他结婚，但担心受到诅咒。于是她的妹妹想出了一个主意：离开巴黎去挪威随便找个男人结婚，半个小时后再离婚。

当她乘飞机到达挪威机场时，才知道约定好的那个挪威人放了她的鸽子。眼看计划就要泡汤了。这时她看到了在飞机上坐在她身边那个令人讨厌的俄罗斯旅游指南作家，并在非洲时嫁给了他。当然这只是利用他。

但神奇的是，在非洲部落举办的婚礼使得婚姻生效了，因为“丈夫”有个弟弟正好在巴黎婚姻登记处工作，他看到了哥哥在非洲举行了婚礼，所以顺手就将他们的婚姻状况录入了系统。

现在，她要和男朋友结婚，就必须先和“丈夫”离婚。当俄罗斯人得知自己被骗后，在她离开的前一天，仍带着她度过了她有生以来最美妙的时光。

她回到巴黎，在准备婚礼期间，男朋友指责她打保龄球的步子不对，于是她发火了，说她受不了他总是指责她，然后分手去俄罗斯寻找她的“前夫”了。

心理学研究也表明，友好分手的恋人，最后又复合的可能性远大于争吵不断后的分手。你的分手越不顺利，就越可能产生这样的心理：好不容易才摆脱那个讨厌的家伙，怎么可能再回到他身边呢？

产生这种想法的原因很简单，为了得到某种东西，你付出的代价越大，得到后就越不愿再放弃。这一方面是沉没成本效应思考盲点的缘故，另一方面是如果不这样做，就证明自己当初的努力行为是很愚蠢的——没有人肯承认自己是个笨蛋。同样的道理，你越不肯分手，最终他甩掉你后，就越不可能再来找你了。他逃避你都还来不及呢！

所以，你表明自己的正面态度后，他仍坚持分手，你不要强求他别走，给他留下美好印象，使他走后还想回来，这才叫挽回。如果一哭二闹三上吊不肯分手，那就属于情感勒索了。

情感勒索的本质是心理绑架

徐霁的右手手腕上有好几道伤疤，每一道伤疤，都是她男朋友要求分手的证据。当她坐在我的旁边练习钢笔字时，我大吃了一惊，因为在此之前我从没有遇到过自杀这么多次的女孩。

“当你割下去的时候，你想过你的家人吗？”我问她。

“我没想那么多，只想着，如果他决意要离开我，那我不如死了算了。所以就割了下去。”徐霁转着钢笔说。她是个内向的女孩，平时极少和男生说话。她总是从教室的后门进去，坐在最后一排，觉得教授讲得很无聊时就拿出字帖练字。

大学毕业多年后，我在北京遇到她，当时她还单身一人，我注意到她的手腕上贴着一张创可贴。又过了一段时间，同学们告诉我，她回到了老家，因为相恋多年的男朋友，也是我的同学，再也受不了她，申请去了美国读博士。他在回复我的邮件中说，他早就意识到他们不合适，但他不敢提分手，因为一提分手她就割自己的手腕。

“我知道这样离开她很不道德，但我实在受不了她这种心理绑架。”徐霁的前男友说。

你被人勒索时，肯定对勒索者恨之入骨。比如当波斯人攻击斯巴达、杀死包括斯巴达国王在内的三百勇士、突破温泉关后，王后必须说服议员出兵才能拯救国家。但根据斯巴达的法律，女人没有执政参政的权利，即使王后也不例外，所以她没有资格进入议会大厅。这时，有个无耻的家伙对王后说，她只有和他上床，他才会给引荐她去议会厅的机会。所以，当他在议会厅抖出这件事时，她一怒之下杀死了对方。

如果你和前任分手后，他勒索你，如果你不给他一笔钱，他就将你们同居期间拍的艳照发布到网上，你能不恨他吗？你一定会恨不得剥了他的皮！

情感勒索和这种物质勒索有所不同，它是一种软性威胁，只发生在朋友和亲人之间。它是勒索者利用了你看重和他关系的弱点，而用威胁要破坏这种关系的方式迫使你做出让步。无论他有多么爱你，一旦他害怕你离开他，就会利用他掌握的隐私或你的道德感来绑架你。情感诉求式的分手，就是一种典型的情感勒索——如果你不按我的意思去做，那我就跟你分手。

恋爱中的情侣，都比较喜欢运用情感勒索的手法控制对方。比如你们同居几年后，你感觉矛盾不断，所以要求他搬出去。他也同意分居一段时间看看。你当时心想，过段时间他就会回来，所以并不担心。你认为要不了多久，他就能体会到没有你在身边，生活有多么空虚。

可是一段时间后，他并没有回来，也不和你见面。他已经认识了另外一个女人。这时你着急了，赶紧给他打电话，要求和他见面聊聊。他很不情愿地答应和你见面，但见面后他仍没有回去找你的意思。他告诉你，他已经找到了合适的人，并希望你也能找到属于自己的爱情。明摆着，这次是他提出分手了。

他说什么你根本听不进去，你开始向他道歉，不断打电话给他，哭着求他见面，并保证，只要他愿意回来，你不会再像从前那样对待他了。他在你的眼泪攻势下很无奈，但只是安慰你，并不想跟你和好。最后，你拿出了撒手锏：如果你不跟我在一起，那我就从你眼前跳下楼去，因为没有你的生活好难过。

在爱情无法挽回的最后时刻，你的情感勒索就开始了：你想用威胁要自杀的方式逼迫他回到你身边。这让他很为难，因为如果他坚决要离开你，而你真的自杀了，那他就成了道德上的凶手。这会让他背上沉重的道德枷锁，心灵一辈子都得不到安宁。

分手后所有的自杀行为，都属于情感勒索，比如三毛，初恋失败后割腕了一次。有四分之一的女孩初恋被甩后都想着自杀，足见情感勒索多么普遍。所以，你在寻找恋爱对象时，要留意她是否有过失恋后自杀的经历，因为这就是他对前任情感勒索的证据。并且，还有个现象：初恋失败后自杀的人，最后也通常采用自杀来结束人生。

但情感勒索只能让百病缠身的恋情延缓几天，因为他很清楚，如果回到你身边，你肯定还会犯同样的毛病——这是你的思维模式，很难改变的。所以，即使你用情感勒索成功地绑架了他，让他回到了你的身边，但他最终还是会离开你的，因为没有人愿意被控制一辈子。

这并不是说，如果你和他友好分手，就一定能挽回爱情。这只是说，如果他提出分手时你采用了情感勒索，那一定不能再挽回他的爱。友好分手，只是挽回爱情的必要条件，而不是充分条件。你要明白，爱情有时也需要放手。爱他，就给他自由。

因为不再爱，所以无法挽回

我的大学好友终于和他男朋友分手了。这段长达二十年的恋情，分分合合，现在总算落下了帷幕。

他们的恋爱是从初中就开始的，经受住了大学时天各一方的考验。毕业后，她回到老家，凭特殊专业的优势直接进入了财政局，成为了一名普通公务员。而她的男朋友，毕业后没能找到如意的工作，所以干脆横下一条心要考公务员，四年后他终于如愿成为了一直辖市司法局的公务员。

在男朋友备考公务员期间，她的家人都极力反对他们继续交往，但她坚决不同意。一方面，她觉得在男朋友最需要帮助的时候提出分手是不道德的；另一方面，她觉得自己已经为这份爱情付出了太多的心血，要放弃实在是舍不得。

但现实让她再也爱不起来。两人相距一千多公里，见个面都很难。她的男朋友是不可能回到她所在的小城市的，而她动用了一切资源，仍无调往男朋友所在城市的可能。

更重要的是，她的男朋友答应了老领导的说媒。可能是他和原来的女朋友交往得太久，激情不再，所以对老领导的侄女一见钟情。他向女朋友提出了分手。

“你知道的，因为现实摆着的，”他说，“我们相隔太远了。”

她没有哭，也没有闹，因为她的心里早就料到会有这么一天。但她还是希望有一天他会回来，毕竟他们已经相爱了二十年，他们不仅仅是恋人，已经变成了亲人。但他已经回不去了，他已经结婚生子了。

有些爱情无法挽回，并不是你们没有友好地分手，也不是你采用了情感勒索，而是因为你和他再也找不到爱的感觉。

这种情况在网络上相识的情侣身上比较常见。网上的他能吸引你，是因为你对虚拟世界的人很好奇，是这种差异让你们产生了好感。我们都容易被与众不同的东西吸引。

有一次我去朋友家玩，当时我想和朋友聊天，我们已经好久没有见面了，有很多话想说。可是朋友的两个小孩很淘气，经常打断我们的谈话。这时，我忽然想起衣袋里装有几颗弹珠——这是我给小侄子捎的“台球”。于是我把弹珠掏出来放在地板上，希望他们开心地玩珠子而获得暂时的安静。

我很快就发现这是个错误的做法。孩子们开始争吵起来，因为只有一颗珠子是黑色的，两个孩子都希望自己能得到这颗独特的珠子，都表示宁愿将其他所有珠子给对方，也要这颗黑色弹珠。

看起来，我们都对有特色的东西更感兴趣。但是，我们的本性其实是更喜欢共同点而非差异，所以这种差异带来的新鲜感很快就会消失。这就像每个人都喜欢特色食品，但通常都只是为了品尝，体验新鲜，最终还是会忠于自己吃了几十年的食物。

恋爱有个原则：如果当初他爱你是因为你很有特点，很有个性，那最后他也会以这些理由离开你。因为随着时间的推移，当初你的特点所带来的新鲜感会消失，这时他便找不到再爱你的理由。

所以，他要求分手时，判断他是不是还爱着你，听听他的分手理由。如果他说的理由正是当初爱你的理由，那说明你们的爱已经走到了尽头，你很难再挽回他的爱。

比如说，他爱你是因为你漂亮，当你不再漂亮时，他自然就可能离开你，因为他爱的不是你本身，而是你的姿色。

再如，他爱你是因为你很有个性。当你的个性经常给他带来麻烦时，他就不会再喜欢这些个性，当然也不可能再喜欢你。

坦诚地接受分手

接受事实，有时比创造事实更难。比如，当听到亲人离世的消息时，多数人第一时间都不敢相信是真的。当恋人说出“我们分手吧”这几个字时，很多人都会以为自己听错了。

听到他说出这几个字后，你最终还是得接受这个事实，无论他的分手理由是什么。如果你们恋爱有几年了，之前总是你提出分手，而他从没提过，那么这次就很可能是来真的了。因为从来没有提出过分手的人，很严肃地提出要分手，通常不是以分手为条件进行情感勒索，希望你的行为更符合他的心意，而是真心想离开你。

如果你极力挽留，仍不能留住他，那就要考虑坦诚地接受分手的事实了。你不能接受事实，就容易变成一个情感勒索者。这是你们不能友好分手的征兆。

要接受分手的事实，首先要有两种意识：认清爱情只能挽留，不可强求；知道放手也是一种爱。

认清爱情不可强求的事实

几年前，我的初中同桌结婚的前几天，他来请我给他收礼金，他私下跟我说，这婚是长不了的，婚礼随便对付一下，反正早晚都要离的。他的分手理由是，他对她不再有爱的感觉。但她却认为，举办婚礼后，情况就会有所改变。她不知道，爱情不可强求。所以她说，结婚后再看看，如果那时他还是没有感觉，她才同意分手。在各种分手努力都失败后，他同意了她的请求。

其实，她也并不是非他不嫁，而是家里人看着她年龄一年比一年大，都逼她出嫁。有几年她害怕被逼婚，过年都不敢回家。这就像刘兰芝被休回家后，父母和哥哥都催她改嫁。不得已，她只好违背了与丈夫的诺言，答应了别人的求婚。

同桌告诉我这番话时，我还以为他在开玩笑。他在宣誓时把妻子的名字说成了初恋女友的名字，我认为他是太紧张了。在婚礼快结束时，本是要感谢各位宾客来参加他和妻子的婚礼，但他却说欢迎各位来参加他们的婚礼，并再次说成初恋女友的名字——这是典型的弗洛伊德口误：我们内心深处的真实想法，会在某个时刻无意识地脱口而出。

新娘内心十分气愤，但面带微笑地回应朋友的疑问："他太紧张了。"或"那是我的小名，不常用。"她把希望完全寄托在结婚之后。

短暂的婚姻生活证实，婚姻并不能重燃他对她的爱，她只好同意分手。这场以挽回爱情为目的的婚姻，只维持了短短半年。

我们见过太多的痴情男女，当被抛弃后，甚至会毫不犹豫地剁掉自己的手指。我高三的一个同学，就因为已经考入大学的女朋友坚决要跟他分手，所以他当着女朋友的面，用菜刀砍掉了自己的小指，然后举着带血的菜刀问她还要不要分手，如果她仍要分手，就再剁掉一个手指，直到她不再要求分手为止。

他的计谋得逞了吗？没有。虽然女朋友暂时答应不再跟他分手，但也不再和他联系。他写信她不回，打电话也不接。一年之后，他意识到无法挽回爱情，所以逐渐心灰意冷。直到今天，他们都没有提出分手，但各自都已经组建了自己的家庭。

追求恋人的情景让你误以为，在他提出分手时，你只要坚持不放手，最后他就会回心转意的。像沈从文能追求到校花，关键就是不放弃。这用心理学来解释，就是多看效应的结果。但产生这个心理现象有个重要前提：对方对你的印象不是负面的。如果他闹到坚决要和你分手的地步了，对你的印象不可能是正面的。这种情况下，不仅不可能产生多看效应现象，而且他和你见面越多，就越讨厌你。

有一种行为尤其不能挽回爱情：自残。这是一种最强烈的情感勒索。如果是你提出分手，他选择自残，你很可能因为同情而暂时留在他身边。如果他要分手，你选择自残，只会坚定他离开你的决心。你的爱让他感到恐惧：他怕有一天你的过激行为会让他一辈子都内疚。

所以，死缠烂打可能收获爱情，但死缠不放并不能挽回爱情。

放手也是一种爱

经常有女孩写邮件向我倾诉："我真的很爱他，不想跟他分手，我该怎么办？"我的回复通常是这样的："如果你真的很爱他，那就让他感到快乐。他和你一起快乐吗？如果你不能确定他是否快乐，那他多半是不快乐的。"

当他提出分手时，你觉得自己不愿分手，是因为还爱着他。

但事实上，你可能并不爱他了，只是还希望拥有他。

我们不太分得清爱与拥有的区别，这是因为我们会爱自己拥有的东西，也会希望拥有自己爱的东西。结果，就误以为渴望拥有他，就是爱他。但从心理学的角度来看，爱和拥有还是有区别的：爱一个人是一种心理表达，而拥有一个人则是一种心理满足。

要理解这一违背直觉的常识，可以回顾一下你的青春期。在青春期，很多人都觉得父母不爱自己，只是为了拥有自己，这种现象在单亲家庭中最为明显。单亲家庭中的孩子，最容易成为父亲或母亲实现理想的工具，因为单亲父母会将自己的未来寄托在孩子身上。

单亲父母们很纳闷："我省吃俭用，让他过得好，学习上管紧一点儿，都是为了他好，他非但不领情，反而认为我对他不好！动不动就要去找他爸 / 妈去。"

单亲父母们不知道，孩子产生这种想法的原因，是他们把孩子管得太紧了。青春期的孩子觉得，只有不爱他的人才会这样对待他；让他过得好，只是怕他离开自己去找爸 / 妈而已。

有一种鸟叫红隼，如果你喜欢它，把它关起来养，它会绝食而死。爱情就像红隼。如果他要离开你时，你还想继续拥有，纠缠着不肯放手，那他会对你绝望的。

放弃自己曾经拥有的东西，我们都难以做到，更何况是我们最爱的人呢？因为我们人人都有禀赋效应的思考盲点。我们为之投入了感情，所以会格外珍惜。

在他提出分手时，你以很爱他为由而不肯分手，显然是站不住脚的。这时你要懂得，其实放手也是一种爱，因为这样能让他快乐。

但当他不再属于你之后，无论你有多么的不想分手，如果你真的很爱他，那就应该让他离去。你不肯放手，说明你并不是爱他，你只是丢不下面子，或是对已经付出的代价感到可惜。

这个时候，如果他仍坚持分手，你可能会想一个问题：向他索要分手费。

要不要分手费

姨妈的儿子和女朋友分手了，妈妈告诉我们这个消息时，我们吃了一惊，因为不久前表弟还告诉我他刚订好了举行婚礼的酒店和婚庆公司。

“你姨妈说，可能是女孩找到更好的男朋友了，更可气的是，女孩不但不退还订婚时收的彩礼，还向你表弟索要五万块分手费，因为他们同居以前她是处女。”

分手费通常叫作青春损失费。提出这个要求的逻辑是：我的青春只有一次，而这短短几年都浪费在你身上了，现在你抛弃我，所以你应该赔偿我的损失。

看上去，这是个合理的要求，并且还有一种“既然你不仁，别怪我不义”的感觉。所以，有些女孩在被甩时明确地将这一点表达了出来：“想分手，没问题，先赔偿我的青春损失。”

分手也是能赚钱的，富翁们给的分手费少则几千万元，多则几十亿元。比如传媒大亨默多克每次和女人分手，都得付出大笔分手费，或是黄金地段的豪宅。

但多数人的分手费是得不偿失的。因为能得到的钱不多，并且一提出要青春损失费，就意味着你和他在一起只是一场交易：他用钱购买你一段时间的使用权，说得更直接点，你们不是恋人关系，只是包养关系。

所以，表面上你是要他付出代价，其实是自损身价。一旦他付给你钱之后，将不会对你们的恋情有任何怀念，只觉得遇到你是他的不幸。

我们人人都是这样的，只要我们为某种违反道德的行为付了钱或其他代价，那我们就会心安理得。

有心理学家对比了两组违章停车的司机，其中一组当场就被交警罚了款，另一组则只是听交警陈述这么做的危害，然后放行。

一段时间后，交了罚款的那些司机被问及对违章停车有何感受，他们都觉得问心无愧，因为自己为此掏了腰包。而另一些被免于罚款的违章司机则普遍对自己的行为感到不安，声称以后会遵守交通规则。

当他向你付了分手费后，他就会像被罚款的违章停车司机，不再认为自己应对分手承担责任，不会因伤害你而感到不安，因为他已经为此付了钱。说到底，你和他的“交易”已经结束了。

索要分手费还可能激起强烈的反抗。

有个男孩在微信上认识了一个女孩，这个女孩虽然年龄不大，但已经结婚，并且有个三岁的孩子。她经常跟他讲一些家庭中不如意的事。她把他当成倾诉的对象，而他却因此对她心生爱意，所以两人谈起了恋爱。

但第二次相约在宾馆见面时，女孩提出他们必须分手，并且索要一笔分手费，否则她马上给自己老公打电话，他连下楼的时间都没有。

男孩一听，她不但要甩掉自己，还要分手费，回想起她以前对自己说的甜言蜜语，他觉得她就是个骗子，于是搬起电视机砸死了她，然后从四楼一跃而下。

他大难不死，在审判时他说，听到她不但要求分手，还索要钱财，心都碎了，所以想和她一起死了算了。

所以，如果他坚持分手，你就坦然地接受吧，不要想着追回青春损失。

或许你觉得没有他，你的世界将会一片黑暗，生活也会完蛋。但这些想法都只是你的错觉，就像你和他热恋时，你认为自己能和他爱到天荒地老一样。

心理学家发现，处于恋爱中的人都有自我感觉预测错觉：当我们幸福的时候，我们对未来的预测会过度乐观；当我们不幸的时候，我们对未来的预测就会过度悲观。因此，忽然有一天他提出分手时，你才会觉得没有他，活着就没有意义。但事实上，没有他，你仍然会过得很好，甚至更好。

Chapter 04

你要不要提出分手

要不要分手

张娅的爱情很不顺利，先是她去外地上大学期间，初恋男友挖了她的墙脚，拐走了她的亲妹妹。当时，她发誓再也不相信世上有什么真正的爱情和亲情了，人与人之间，只有利用。

在她感情空虚的时期，她被师兄的热情融化了。这一次，她觉得自己找到了真爱。但不幸的是，这任男朋友却被前女友情感勒索，说他要是敢离开自己，就死给他看，从教学楼的十三层跳下去，并威胁要在遗书里公开他这个玩弄女孩的花花公子。

她的第三任男朋友是同事。他们谈了半年后，住在了一起。她为他流产过两次。准备结婚时男朋友的母亲从老家赶来，威逼儿子，若他敢娶一个属虎的女孩，就和他断绝母子关系。“你这是羊入虎口啊。你和她结婚，她这辈子就吃定你了。”并且，连夜把儿子带回了老家。男朋友走时要她等他，他一定会回来的。

与此同时，全家也坚决反对她找一个外地的男朋友。她的母亲甚至到处托人给她说媒了。由于男朋友迟迟不能说服他母亲，她开始想要不要向他提出分手。

她的男朋友确实是个不错的男孩，很体贴女孩，但他凡事都听从母亲的。她能理解，因为他很小就失去了父亲，母亲一个人把他们兄妹两人拉扯大很不容易。

其实，只要弄懂了什么时候应该分手，她就不会被要不要分手这个问题困扰了。心理学研究表明，如果你的脑子里经常浮现以下两个念头，那就和他分手吧。心理学家把这两个念头称为分手指标。

分手指标

指标 1：你想结束这份感情的念头比维持关系的念头还要强烈。

指标 2：你和他都想结束感情，而不愿下工夫维持关系。

这两个分手指标可以证明，你和他的爱情的经营取向是负向的，不可能持久。

爱情的经营取向

所谓爱情的经营取向，指的是我们对经营一份爱情的态度，可分为正向的爱情和负向的爱情。

正向的爱情有这些特征：相互愿意为对方奉献，弥补裂痕，携手前进，用心经营，互爱、互助。还记得周慧敏和男朋友发表的分手声明吗？他们在声明中回忆恋人对自己的好，丝毫没有指责对方的意思。所以，通过分手声明，我们看得出其实他们的爱情是正向的，如果当时他们懂得爱情的经营取向，就根本没有必要发表分手声明，因为他们双方其实并不想真正分手。

至于负向的爱情，其特征主要有恋人之间斤斤计较、互相挑剔、攻击、相互抹黑、互不尊重、思考分歧、自我中心、价值观冲突。严重的负向爱情会表现出敌对、自私，因为这时已经准备分道扬镳了。

有一种爱情注定长久不了，那就是坚持 AA 制的情侣。这是一种典型的负向爱情。根据启动效应，使用这种消费方式的人群，在无意识层面上，从一开始就没有打算为别人付出的意思——这是一种披着“独立”外衣的斤斤计较。如果你稍加留心就会注意到，这种人说话倾向于使用“我”，而不是“我们”。

所以，即使他没有要求你们采用AA制消费，但在表达时一贯使用“我”而非“我们”，那说明他在无意识层面还没有把你视为陪伴终身的人选。出现这种状况的原因，可能是你们的交往时间短，他还没有完全接纳你。还有一种可能，那就是他根本就不想和你共度一生。

挑剔则是一种比较露骨的轻视行为。哈佛大学的心理学家发现，在所有破坏亲密关系的行为模式中，轻视伴侣对感情的杀伤力最强。如果在和你争执时他的脸上经常有鄙视你特有的表情，那你们的感情不太可能维持十四年，多半会在七年内结束。他对你的轻视表情越明显，你们分手的可能性就越大。

如果在以往分手时，你们就相互抹黑，即使后来又复合了，也注定是长久不了的。比如前面说的两位曾经恩爱的明星在分手时在微博上对骂，那说明他们的爱情经营是极度负向的。

极端的负向爱情经营取向在分手后会变得让人害怕。因为这种爱情模式下，被甩者会极力报复对方，比如，一个女孩说，她的私密照片和手机号码被放在某网络论坛的首页，说是找裸聊。每天都有男人不分时间地给她打电话要求聊天。后来她才知道这是前男友干的。遇到这种极品男朋友，越早离开，受到的伤害越少。

所以，无论你和他的感情遇到何种困难，考虑要不要分手的原则只有一个：你们的爱情经营取向是负向的。如果你不记得他对你的好，或是你们经常计较自己的付出，那就放下心理负担，向他摊牌吧。

如果你无法确定你们的爱情是哪种经营取向，这里有一个更科学，也更简单的方法，比较你们正向交流和负向交流的比例。其中，正向交流指的是表达爱意、温存和幽默等一切能让你感到快乐的交流；负向交流主要有抱怨、贬低和烦恼，如果你反感他的某种交流方式，那它就是负向交流。

心理学家发现，美满爱情中的正向交流和负向交流的比例不低于5∶1。这是爱情关系的临界点。高于这个比例，你应该好好珍惜这段感情，努力维护它。低于这个比例，说明你和他的感情出了问题，如果远低于这个比例，那你和他迟早是要分手的。

这项研究表明，争吵和交流的多少都不是你要不要和他分手的依据，你的依据应该是正负向交流的比例。即使你经常和他吵架，但如果你们都花大量的时间来相互爱抚温存，那你和他也不会分手。虽然你和他很少争吵，可是一交流就相互批评和轻视，那趁着年轻赶紧离开他吧。

现在，如果你想离开他，但又不确定这样做是不是对的，那么你就应该考察我提供的三个指标，尤其是第三个指标非常重要。

分手指标

指标1：你想结束这份感情的念头比维持关系的念头还要强烈。

指标2：你和他都想结束感情，而不愿下工夫维持关系。

指标3：正向交流和负向交流的比例远小于5∶1。

这三个分手指标是各自独立的，只要你很确定自己的状况满足其中一个，就可以着手向他提出分手了，即使你们的关系目前还没有彻底破裂。

必须分手的七种恋人

有些恋人很危险，虽然你和他的感情目前还没有遇到太大的麻烦，但待在这些危险恋人的身边，可能会给你带来巨大的伤害，甚至是付出生命的代价，所以你必须想办法离开。

第一种危险恋人：曾经有行为暴力的恋人

你可能会说，现在他已经痛改前非了，或者说是他的行为暴力只针对他看不惯的人和我讨厌的人，他对我是非常温柔的。难道你就没想过，某天他看不惯的那个人可能就是你?

我们评价一个人好不好，习惯于看他对我们好不好。其实这种评价方式是不正确的。正确的方法，不是看他对待朋友的态度，而是看他对待“敌人”的行为，因为人人都会善待朋友，但不幸的是朋友可能会变成敌人。

识别他将来会不会实施家庭暴力，或是你提出分手时会不会伤害你，一个最重要的指标，就是他过去或现在有没有对谁施加过暴力。这个行为暴力不仅仅指他动手打人，踢猫踹狗，也包括生气时砸东西、踹墙。

第二种危险恋人：有语言暴力的恋人

语言暴力指的是利用辱骂、嘲笑、歧视等侮辱性言辞来攻击他人，利用语言、语气等使他人感到不舒服。这类柔性暴力是一种比较隐蔽的暴力行为，虽然不会对人的身体造成伤害，却会伤害人的心灵。

有时候，他表现的语言暴力很柔和，所以你误以为他只是比较苛刻而已，而不认为这其实也是暴力，比如他只是对你泼冷水，轻视你，或是因你的弱点贬低你。

如果他经常性地对其他人或是你表现出这些语言暴力，你要当心他，因为这意味着他不懂得如何把你留在身边，所以用这些破坏性的方式来控制你。最严重的是，语言暴力最终通常会变成行为暴力。这不难理解，因为我们身边绝大多数打斗事件都是从对骂升级而来的。

第三种危险恋人：疯狂追求你的恋人

每个女孩子都很享受被人追求的感觉，因为这是自己价值的体现。但是他疯狂追求你，可能暗藏危险，因为这代表他为了快速达到目的会不惜代价，甚至不顾你的感受而不择手段。

人生有很多目的，而你只是他许多目的中的一个而已。不顾你的感受是个危险信号，这意味着他可能用情感勒索或行为暴力和语言暴力来控制你。

下面这份亲密关系暴力危险评估指标，有助于你认清他的真面目，所以我希望你认真测试一下。

亲密关系暴力危险评估指标

- 他对你有过使你无法呼吸的暴力行为。 是□ 否□
- 他对小孩有过非管教的暴力行为。 是□ 否□
- 你怀孕期间他动手打过你。 是□ 否□
- 他曾拿刀或酒瓶、棍棒、硫酸等危险物恐吓你。是□ 否□
- 他曾扬言或威胁要杀了你。 是□ 否□
- 他说过“要分手、要离婚或敢报警……就死在一起！”或是“要死就一起死”等话。 是□ 否□
- 他曾亲自或唆使他人跟踪、监视或恶意打扰你。是□ 否□
- 他曾故意伤害你的性器官或对你进行性虐待。 是□ 否□
- 他一周有四天以上喝得烂醉。 是□ 否□
- 他曾对朋友、邻居、同事等熟人施加过暴力。 是□ 否□
- 他目前处于经济困境（如巨额债务、失业等）。 是□ 否□
- 他曾因你报警、到医院验伤等你的向外求援而对你进行言语威胁或施加暴力行为。 是□ 否□
- 他最近怀疑或认为你们之间有第三者。 是□ 否□
- 你相信他有可能会杀掉你。 是□ 否□
- 最近一年，他对你施暴的情形越来越严重。 是□ 否□

如果他符合的指标越多，你受伤害的可能性就越大，并且，即使只有一个符合，你也要当心。

清醒地记住一点：他疯狂追求你并不一定是因为非常爱你，也可能只是想快速拥有你。他不一定是爱你才想拥有你，他想拥有你，或许只是他担心你被别人拥有。如果他是个争强好胜的人，那么追求你只是出于占有欲而非爱你的可能性会更大。

这种恋人既可能喜新厌旧而迅速抛弃你，也可能为了满足自己的占有欲而对你提出分手纠缠不清。

第四种危险恋人：专制的恋人

恋人的专制通常披着爱的外衣，就像父母对孩子专制那样：我爱你，所以才管你。开始你可能觉得这的确是爱你，但慢慢地你就会觉得他其实是想控制你。

专制的恋人一般都是脆弱高自尊者——表面坚强、实则脆弱的人。他担心一旦放松对你的管控，你便会离开他。刚开始是他不许你和前任联系，继而是不许你和其他异性交往，最后这种控制会泛化到你的穿着、时间安排。你必须放弃所有的自主权来满足他的需求。

第五种危险恋人：情绪变幻莫测的恋人

他可能前一分钟还对你很亲热，但转眼就冲着你大吼大叫，你还没搞清楚自己是什么地方得罪了他，他已经开始向你道歉了。我们每个人都有情绪起伏的时候，但如果他的情绪变化太过激烈，你会觉得自己无所适从。最终，你就像属于矛盾型依恋的孩子，对他既爱又怕。对于这种爱情，即使你付出所有努力，也是难以维持的。

第六种危险恋人：对别人冷漠的恋人

如果他对漂亮女孩的求助冷漠，知道前女友处境艰难也视而不见，你可能还觉得这是因为他对你专一。但事实上只有缺乏同理心的人才会无视别人的痛苦。

这种人可能会忽视孩子，或者对孩子不管不问；甚至在你最需要帮助的时候，他也会漠视你。

第七种危险恋人：经常责怪别人的恋人

这种恋人是所有恋人中最难相处的一种。如果你比较独立，那么你和他的关系注定会以分手告终，原因是他的思考方式存在严重的自利偏误思考盲点，他会把所有的错误都推到别人身上，而把成功都揽归自己，根本不顾及别人的感受。这其实也是一种推脱责任的表现。如果你和他在一起时犯了错，那你将是他怪罪的对象；他甚至可能把自己的人生失败都归咎于你。和他在一起，则意味着你得承受他制造的痛苦，却享受不到他的快乐。

寻求认同

即使他只属于以上危险恋人中的其中一种，你打算离开也并不容易，因为对待爱情，人人都是脆弱的。所以，如果得不到别人的认同，我们不敢向前迈出一步。

获得别人的认同，通常意味着我们的做法是正确的。一般来说，大家都在做的事，绝大部分是正确的。正因为如此，心理学家调查发现，百分之九十五的人在考虑要不要分手时，都会寻求别人的认同：“我该不该和那个人分手呢?”类似这样的话即使你还没说过，但一定听过不少次了。

如果你正打算分手，或是有过分手的经历，那我估计你很有可能也向好朋友说过这样的话，或是这样自问。

朱颖受够了男朋友劈腿，想提出分手。但她不想被人认为分手是自己的错，所以她先在微博中指责男朋友花心。朋友们都力挺她和男朋友分手，于是她决定不再容忍男朋友的所有坏习惯。她在 QQ 中给他留言，说自己不适合他，希望两人重新做回普通朋友。

而她的男朋友也在网上发帖，说自己对女朋友有多么的好，而女朋友误会了他和异性朋友的关系——他们只是一般朋友，他只是偶尔帮助她而已，可是现在女朋友要抛弃他。他的这番言论赢得了网友的认同，所以他坚决不肯分手。

与此同时，朱颖的好朋友也想和男朋友分手，因为她遇到一个长相不如男朋友但非常有钱的男人。她并不在网上发帖，或是请人给自己出主意，她觉得自己的做法是合情合理的——人往高处走，水往低处流，找个好男人是每个女孩的权利。

为什么朱颖需要得到别人的支持才提出分手，而她的好朋友就能自己做出分手的决定？这是因为她们在寻求认同时采取了不同的方式：一个寻求别人认同，一个寻求自我认同。

弄清楚爱情的经营取向，只是你提出分手的第一步。接下来，你还要接受一个很大的考验：让自己的分手理由得到别人的认同。女人美容整形，无外乎就是让别人认同自己长得漂亮；分手理由寻求认同，是为了让别人觉得自己是个有道德的好人。

有一个分手时人们寻求认同的常用手段，那就是贬低对方，以使自己分手的要求合理化。

寻求认同是我们人人都有的本能，因为我们人类是社会性动物。我们小时候会寻求父母、兄弟姐妹的认同，青少年期会寻求朋友的认同，成年期寻求伴侣的认同，老年期会寻求子女的认同。

这是因为当我们做某件事时，为了让内心好受一些，我们需要得到别人或自己的认可。道理很简单，我们的价值体现，不是别人评价，就是自我评价。

通常，如果你认为自己处于道德优势的一方，那么你在提出分手时就倾向于寻求别人认同，因为你相信自己提出分手的诉求能得到别人的认同。这时，你可能夸大自己的优点，贬低恋人的缺点，以赢得更多的支持。当朱颖得知男朋友脚踏两只船后，她在帖子中只说男朋友出轨的事，而男朋友对她的关心和体贴，她只字未提。

还有一种情况，你也会寻求别人的认同：你还留恋这份感情，你担心分手会后悔，所以将选择权交给公众。

至于朱颖的好朋友甩掉穷男友，追求富二代，因为这种行为是不符合社会习俗的，她不占有道德优势，这时一个稳妥的做法，就是说服自己，让自己认同自己的做法。

自我认同是通过两个问题的答案得知的，这两个问题见下表：

判定自我认同方式的两个问题

• 你是否积极地寻求自我认同？	是☐	否☐
• 你是否对自己的行为做出承诺？	是☐	否☐

根据这两个问题的答案组合，可将提出分手的自我认同分为如下四种模式：

定向认同：如果你要分手时对这两个问题的答案都是肯定的，那就属于定向认同。比如，唐琬深思熟虑后决定离开陆游，她相信这样可以让丈夫生活得更快乐。

迷失认同：这种认同和定向认同刚好相反——对两个问题的答案都是否定的。比如朱颖的好朋友活在当下，做能让自己感觉良好的事情，而从不去思考自己是什么样的人，也不思考自己想要什么样的未来。

未定认同：这是指对第一个问题的答案是肯定的，对第二个问题的答案是否定的。即在分手时你已经寻求自我认同，但是还没有做出任何承诺。比如说，你通过心理自助图书来帮助自己寻找认同，但你仍觉得并未充分了解自我。

早闭认同：这种认同和未定认同相反——对第一个问题的答案是否定的，对第二个问题的答案是肯定的。比如你决定和他分手，但这个决定其实是因为你父母反对你们在一起，而不是你本人思考后所做的决定。

无论你是寻求自我认同还是寻求别人的认同，都是你提出分手的关键一步。如果你无法确定自己的认同模式，不妨用上面那两个问题自问一下。

并且，我的建议是，如果你想分手的自我认同模式不是定向认同，而是其他三种自我认同中的任何一种，那你应该仔细思考一下，然后再做出决定。

内心愧疚

雅莉陷入了左右为难的感情漩涡。一边是平淡无奇但对自己有恩的男朋友,一边是自己心仪的追求者。每次只要一动向男朋友提分手的念头，雅莉就觉得自己太残忍。

她和现任男朋友相遇完全是偶然。当时，和她谈了五年恋爱的男朋友忽然不辞而别，一夜之间成了别人的新郎。雅莉被始乱终弃，感觉人生失去了意义，她来到以前经常和前男友漫步、赏月的桥上，发了一阵子呆后，纵身从桥上跳进了河里。

一个骑自行车的小伙子路过，连衣服都没来得及脱，就从桥上一跃而下，把她救了起来。他唤起了她重新生活的信心，还对她百般怜爱，所以她成了他的女朋友。

后来，一个新来的同事对雅莉展开猛烈的追求，而她也喜欢对方。虽然男朋友不是她最喜欢的人，而且他和她在精神上也不“门当户对”，但他对她的体贴无可挑剔，尤其想到男朋友还是自己的救命恩人，她的罪恶感就油然而生——她觉得离开这样一个老实可靠的男人，只会显得自己无情无义。

雅莉以前多次在男朋友面前说起，她一个中学同学，在辍学恋人做苦工的资助下，从本科念完博士，成为大学教师后，却以阶层不同为理由而提出分手。当时她和所有其他同学一样，鄙视同学的做法，说她太没良心。而现在，自己竟然也想做出类似的事情……

雅莉这种心理现象非常普遍，因为道德意识不允许我们去伤害一个好人。如果恋人对自己很好，帮助我们度过了人生最艰难的岁月，那我们提出分手就会良心不安。对方表现得越大度，我们就越愧疚。越善良的人，越不容易摆脱道德意识的束缚，所以越不可能向恋人提出分手。

如果你遇到这种情况，首先要解决一个问题：要不要分手不等于该不该分手。要不要是一种情感需要，该不该是一种道德意识。像雅莉这样的女孩，经常采用一种错误的思考方式：解决情感需要，却运用道德法则。

这并不是说，追求真爱时就可以不管道德规范，而是说，为了真爱，道德不应该作为考量的唯一标准。

保持道德而不提出分手，的确可以让你的良心得到安慰，但这样的爱情却会产生一个严重后果：你从此获得了道德优势，或者感觉不再亏欠对方，所以在相处时你不再像以往那样做出让步。这会被他视为你变心的迹象。

误会一旦产生，就很难根除。这就是因感激而结合的爱情无法长久的根源。当李清照认清了张汝州的真面目后，宁愿坐牢也要分手。

为了道德而不敢分手，还有一个后果：在以后感情遇到波折时，你会对当初没有提出分手感到后悔。

要离开对自己有恩的人的确很难过。但某天当你意识到自己不敢离开他，是因为他站在道德的制高点控制你时，你便会对失控的人生感到沮丧。

总之，为了避免内心愧疚而不分手，内心只能得到短暂的宁静。所以，你决定要不要提出分手应该只考虑一个原则：新的感情到底值不值得你放弃已有的恋人?

对于道德意识强烈的人，很难寻求自我认同。因此，当你陷入这种感情的困境时，你应该敞开心扉，向亲人和朋友寻求支持。如果把自己的困境发表在网络上，也能得到通情达理的网友们的支持，毕竟人人都希望自己找到真爱，同时也希望别人能幸福。但这样做有风险，因为并不是所有人都能理解你的难处。

认知失调是你不愿提出分手的根源

王霞有时也想着要和男朋友分手，但她也只是想想而已，不采取行动。她和他是在旅行途中的火车上认识的，他就坐在她旁边。当时她正处于例假期间，裤子上渗出了血迹。焦点效应的思考盲点，使得她认为全车厢的人都注意到了。真是羞死人了！一想到下车还要面对那么多人，她就恨不得找个地缝钻进去。

就在这时，他毫不犹豫地脱下自己的黑色外套给她系在腰间。她对他十分感激，下车后请他留下电话，以便把他的衣服洗干净后还回去。就这样，两人的感情迅速升温，发展为恋人关系。

当她把他领到家里时，父母都不认可他。他没上过大学，长相普通，家境也一般，这种要什么没什么的男孩，大街上随便一抓都有一大把。“以你这样的条件，高富帅不好找，但只有一个条件的男人满街跑。”她的父亲生气地说，“我就弄不明白，你究竟看上他哪点了？”

“他对我好。”王霞说，“这就够了。”她不顾父母的反对，坚决要和男朋友在一起，即使父亲以断绝父女关系来威胁她，也无济于事。

两人同居几个月后，男朋友开始冲着她大吼大叫。但她并不打算离开他，相反地，她更关心他。她认为他冲自己发火，是因为他找工作总是碰壁，创业也不顺利。“每个人在不顺心时难免都会发脾气。”当他把脾气发在她身上时，她就这样告诉自己。

他们相恋一年后，她所有的朋友都劝她趁早分手，拖得越久就陷得越深。她也觉得应该考虑分手的事，但很快她就觉得不应该离开他。虽然他有点小脾气，情绪偶尔波动，但对她仍然关心体贴，所以他仍是个值得爱的好男人。

王霞不愿离开人人都不看好的男朋友，不是他真的有那些优点，也不是她真的很爱他，而是因为分手会使她认知失调：我这么优秀的女孩，随便就能找个好男人，现在却找了个人人都看不起的男朋友，这怎么可能呢？这一定是别人对他有偏见，因为他们只看到他的缺点和短处；而我和他共同生活了那么久，只有我最了解他，也只有我才知道他的优点和长处。

所谓的认知失调，指的是当一则新取得的信息和以前的认知不一致时，我们通常觉得心里不舒服。为了让自己好受一点儿，我们就会改变最初的信念。

具体到分手这件事上，就是当你意识到自己从众多人选中亲自挑选的恋人却是最不满意的时，你会觉得自己太没眼光，或是太笨了。

这种负面评价不利于维护你的自尊，所以你得为自己当初的选择寻找一个合理的理由。唯一的办法是，改变对他的看法，认为他有很多值得你爱的优点。这种态度改变是无意识的，所以你会真的认为他具有这些优点，于是愿意花更多精力维持这份根本不值得拥有的恋情。

上面所说的分手时内心愧疚，其实也是心理失调的表现。道德准则要求我们不能伤害好人，不能做出有违社会道德的事情。

所以，如果你觉得他正处于困难时期，那么，即使你多么想结束恋情，你也不会向他提出分手。“天啦，这正是他最需要帮助和安慰的时候，而我竟然打算离开他，这太残忍了，只有坏人才那么做，我怎么能做那种事情呢？”结果，你为了减轻心理失调，只好打消了分手的念头。

如果分手了后悔怎么办

陈菲菲正因她的第三份感情焦头烂额。她后悔自己当时放弃了初恋男友，以为能找到更好的男人，也后悔没有早点甩掉第二任男朋友。但现在她却在担心，如果和第三个男朋友分手了，以后后悔了怎么办？

她的这任男朋友虽不及初恋男友那么完美，但也不像第二任男友那样吃喝嫖赌抽五毒俱全。对于第二任男朋友，用她自己的话来说，当年自己瞎了眼，才找了这么一个人渣。她担心离开现在这个比上不足、比下有余的男朋友后，还会遇到人渣。最后，陈菲菲接受了现实，留在了第三任男朋友身边。然而，她现在常常后悔当初没有再去尝试一下。“如果我和他分手，或许今天的生活就不会这么乏味了。”

后悔是我们最强烈、最普遍的心理现象，人人都会体验到它给我们带来的困扰，尤其是想要提出分手的人，更恐惧后悔的滋味。

后悔是因为先前做了错误的决定，这句话暗含着比较的意思。并且，多数人都把初恋情人，或者过往所有恋人中最好的一任作为以后选择恋人的参照对象。一旦后面的恋人不及最好的前任，后悔情绪便油然而生。

避免后悔偏误

为了避免错误的分手决定所带来的痛苦，陈菲菲打算走一步看一步。

分手的事一天拖一天，一个月后，她又开始习惯了当前的男朋友。心理学家把她的这种思考方式叫作避免后悔偏误。

避免后悔偏误指的是，你担心自己做出错误的决策时，便会对自己的行为感到痛苦；为了避免这种痛苦，所以干脆不做出任何改变。这也是你没有勇气分手的根源。比如，很多女孩都说，自己的恋情就像一潭死水，但她们担心离开这个死水潭，最后找到的是污水池。由此可见，避免后悔偏误的思考盲点是“嫁鸡随鸡，嫁狗随狗”传统形成的一个重要原因。

一般来说，避免后悔偏误的形成与过多的利益考虑有关，较少考虑感情程度。具体地说，就是面临分手时想得最多的，不是自己爱不爱对方，以及有多么爱，而是担心分手后就享受不到现有的好处了。

所以，如果你分不分手的标准是利益，而不是感情，那你和他的结局多半是以分手告终。因为一方面是他可能失去利用价值而被抛弃，另一方面是他意识到被利用而提出分手。

披着爱情外衣的交易是最不能让人接受的。那些所谓的富豪相亲会，多数只是商业炒作行为，或是富豪披着恋爱的合法外衣玩弄天真女孩的感情。真正的有钱人，通常不太会娶一个从一开始就盯着自己钱包的女人；他们乐意和这样的女人约会、逛街、旅行，以及其他任何只要不涉及谈婚论嫁的事情；女方向提出他们结婚的要求，就意味这段感情结束了。

年轻漂亮的美国女孩波尔斯在某金融论坛上发帖，询问如何才能嫁给年薪五十万美元的人。她问了这么几个具体的问题：

一、有钱的单身汉一般都在哪里消磨时光？（请列出酒吧、饭店、健身房的名字和详细地址。）

二、我应该把目标定在哪个年龄段？

三、为什么有些富豪的妻子看起来相貌平平？我见过有些女孩，长相毫无吸引人的地方，但她们却能嫁入豪门。而单身酒吧里那些迷死人的美女却运气不佳。

四、你们怎么决定谁能做妻子、谁只能做女朋友?（我现在的目标是结婚。）

她的帖子没有一个富豪问津。后来，针对她这几个如何找到富豪伴侣的问题，华尔街一位投资顾问这样给她回帖：

亲爱的波尔斯：

我怀着极大的兴趣看完了你的帖子，相信不少女士也有你类似的疑问。让我以投资顾问的身份对你的处境做一个分析。我年薪超过五十万美元，符合你的择偶标准，所以请相信我并不是在浪费大家的时间。

从生意人的角度来看，和你结婚是个糟糕的决策。道理十分简单，请听我解释。抛开细枝末节，你所说的其实是一笔简单的“财”“貌”交易：甲方提供迷人的外表，乙方出钱，公平交易。但是，这里有个致命的问题，你的美貌会消逝，但我的钱却不会无缘无故减少。事实上，我的收入很可能会逐年递增，而你不可能一年比一年漂亮。

因此，从经济学的角度讲，我是增值资产，你是贬值资产，不但贬值，而且是加速贬值！你现在二十五岁，在未来的五年里，你仍可以保持窈窕的身段，俏丽的容貌，虽然每年略有退步。但美貌消逝的速度会越来越快，如果它是你仅有的资产，十年以后你的价值甚忧。

用华尔街术语来说，每笔交易都有一个仓位，和你交往属于交易仓位，一旦价值下跌就要立即抛售，而不宜长期持有——也就是你想要的婚姻。听起来很残忍，但对一件会加速贬值的物资，明智的选择是租赁，而不是购入。

年薪能超过五十万美元的人，当然都不是傻瓜，因此我们只会和你交往，但不会和你结婚。所以我劝你不要苦苦寻找嫁给有钱人的秘方。

顺便说一句，你倒可以想办法把自己变成年薪五十万美元的人，这比碰到一个有钱的傻瓜的胜算要大。

所以，如果是利益纠结让你不想分手，那你真就应该好好考虑一下你和他在一起是需要什么，是疼爱，是体贴，是名声、地位，还是钱财，否则你不太可能走出避免后悔偏误的思考盲区。

走出处置效应的误区

所谓的处置效应，指的是我们都有过早地卖掉获益股票和过久地持有亏损股票的倾向。

这本是一个经济学概念，但它同样也适用于我们对要不要提出分手的态度，因为这两种心理本质是一样的，都是为了避免错误决定带来的后悔。陈菲菲既后悔过早和初恋男友分手，又后悔和第二任男朋友拖得太多，就是因为她陷入了处置效应的思考盲区。

通常情况下，我们都会后悔过早和初恋情人分手——所以会格外怀念初恋。这是因为我们通常对初恋情人的期望并不高,而随着眼界的开阔，很快就会发现初恋情人没有想象的那样美好，相比之下，我们就会觉得自己更有价值，于是将自己“交易”出去。

相对于初恋情人，多数人在第二任恋人的身上花了太多无用的时间。第二任恋人有个特点，既有初恋情人的某些共同点，又在某方面似乎稍比初恋情人强一点儿。

这些突出的优点，让我们对他有很高的期待。所以，即使我们发现在他身边待得越久就越不值，我们仍希望有一天他会让我们好起来——正因如此，我们迟迟不和第二任恋人分手。

在分手时要避开处置效应这一思考盲区并不容易，因为它和我们避免后悔的本性有关。但有个办法可以让你少受它的干扰：你分手的考虑只能着眼于他对你的感情。如果牵涉到利益或是期待，那你对分手就可能变得犹豫起来。

你为什么不能顺利和他分手

分手是痛苦的，即使是提出分手也不容易，尤其是处于弱势的一方，虽然发现他并不是适合自己的人，但要想提出结束关系更是难上加难。比如，依赖男朋友的女孩，即使男朋友偷腥，多半也会原谅，更别说忽然知道男朋友以往的风流情史了。

有调查发现，六成以上的女孩不在意男朋友认识自己之前的风流韵事。所以，相当多的女孩在男朋友行为不轨时提出分手，只是情感勒索的手段：你不改掉这个臭毛病，那我们就结束关系。

为什么面对无望的爱情，你仍不肯提出分手？

或许有官太太富太太担心分手后无法享受舒适的生活，但我相信你不是。你可能是因为对这份感情付出了太多努力，放弃会觉得可惜；也可能是你在打算离开他时才发现他原来有那么多优点；还有可能是你的感情之路坎坷，觉得哪个男人都差不多，甚至以后遇到的男人可能还不如眼前这个。

这些理由貌似有几分道理。但事实上它们都是你的思考存在盲点的产物。你只有认清这些思考盲点，才可能对要不要分手做出正确的决定。

我的大学好友似乎并没有对恋情绝望，虽然她的家人和朋友都不看好这段谈了二十多年、拖了十多年的恋情，但她仍不肯放手。她觉得自己已经付出了那么多努力，现在放弃实在太可惜了，说不定再努力一把，她的爱情就能修得正果。于是她对男朋友的投入比以前更多了。

而男朋友早就想和她分手了，他不想生活在女朋友的恩惠下。但他没有勇气提出分手，因为在他备考公务员的这几年，女朋友不仅是他的精神支柱，也是他的经济来源。现在提出分手，那和陈世美有何区别？

他本以为，距离会消磨女朋友对他的感情，然后意识到他们该结束了。但女朋友却把分居两地看作是爱情的考验。

其实，她也不是没有想过要放弃。但一想到自己这些年来的付出，她就打消了放弃的念头——如果现在才分手，那以前付出的所有努力不全都白费了？

如何克服沉没成本效应

如果你对一段不如意的感情付出了很多，那么你就不想提出分手。道理很简单，因为这种情况下可能产生沉没成本效应。

沉没成本效应可以简化成一句话：因为付出，所以坚持。具体地说，它是指我们对恋人已经投入并且不能再收回的感情、时间和金钱，会影响我们做出要不要分手的决定。我们对一段感情投入越多，产生的期望也越高。因为这时我们已经骑虎难下了，只有保持较高的期待，才能说服自己继续加码投入。

初次恋爱的女孩是陷入沉没成本效应泥潭的高危人群，并且，初恋的时间越晚，传统的观念越深，就越不容易走出这个泥潭。还记得民国才女张爱玲和胡兰成的感情纠葛吗？张爱玲结识胡兰成时，已是二十三岁，这个年龄才初恋，放在今天的文艺圈也是相当晚的了。

由于她为胡兰成付出了自己的一切，所以即使胡兰成在武汉背着她娶了小护士，她也不愿提出分手，相反她更爱胡兰成了。直到最后对胡兰成绝望了，她才写信向他提出分手。

张爱玲的这种经历，在所有陷入沉没成本效应泥潭的女孩身上都可能出现。有个明显的指标，可以判断自己是否已经处于沉没成本效应的雷区边缘：当你对感情投入了很多努力，感觉放弃继续投入会非常后悔。

你只有以现在他对你的感情为依据，才能避免这种悲剧的发生。做分手决定时不要过度考虑已经付出了的代价，对多数人来说都很难，但这是最明智的做法。

如何克服禀赋效应

放假回家期间，宠物店的员工给我打来电话，说我应该提前告知我的猫会咬人。这只猫是我收养的流浪猫。一天我们回家时发现有只猫站在雪地里冻得发抖，所以就抱回了家。这是一只很温顺可爱的白猫。但它有个习惯：如果你从它嘴边拿走它的食物，它就会咬你，即使那种食物是它不喜欢的，在没有给它更好的食物之前你都不能碰。这或许是它流浪时形成的生存习惯。

这种现象和我们分手是何等的相似。你可能有这种奇怪的感觉：平时觉得他一无是处，但一想到要离开他，就慢慢想起他的好处来。很多人以为这种感觉是爱，其实这只是分手时迈进了禀赋效应的思维雷区。

所谓的禀赋效应，指的是你在打算离开他时，会把自己的投入折算成价值，从而高估他的重要性。从这个角度讲，恋人就像花了高价钱买的衣服。对于这些昂贵的衣服，虽然已经不合身了，我们却以为它还能派上用场，因此舍不得抛弃，于是额外花些时间把它洗干净，然后收在箱子里，直到某天我们的箱子实在没有空间了，而且觉得它确实不可能再有用了，才考虑把它处理掉。

你舍不得分手，是因为想到分手，你就会回忆起他给你带来的快乐，这种正面的情绪会引导你对他进行正面评价。

还有一种情况，也会激起你的禀赋效应，那就是感觉到失去恋人时，也就是我们常说的，失去了才懂得珍惜。

婷婷正想向男朋友提出分手，没想到男朋友先提出来，因为他另结新欢了。按理说，这时她完全可以顺水推舟，将分手的责任推到男朋友身上。可是她的反应出乎朋友们的意料，她死活不肯分手。她得知男朋友即将属于其他女孩后，忽然觉得他很好，很适合自己——在前一刻，男朋友在她眼里还是一文不值的。她不愿失去男朋友，所以高估了男朋友的价值。

一段时间后，她终于意识到，男朋友的确不适合自己。但她想分手又面临着一个新问题："现在提出分手合适吗？男朋友会不会觉得我是在报复他？"

当她在论坛上发帖征询建议时，除了几个好朋友的支持，陌生网友们对她骂声一片。得不到别人的认同，她根本不敢再去想分手的事情，只能忍着，希望某天男朋友再次提出分手。

所以，在你打算分手时，不要回忆他对你的好，不要想着他给你带来的快乐和欢笑；多想想你们产生的矛盾，将坚定你离开他的决心。决定了，就不要再留恋。有时，你不想离开他，没有别的原因，只是因为他属于你，你习惯了有他的陪伴，而不是他对你很好，或是你对他还有感情。

消除忽略偏误

多次恋爱失败后，我的堂姐金兰认为，天下的男人都一个样，她觉得随便找个男人，只要能让她衣食无忧就行了。所以，她和一个相亲的男人很快就结婚了。婚后，她发现这完全不是她想要的生活。丈夫是个无聊的公务员，沉闷、内向，娱乐活动仅限于用平板电脑或手机玩 QQ 游戏的斗地主。

有一天，她在看美剧《绝望主妇》时，脑子里突然冒出来一个念头：离婚。但她没有勇气提出来，以前分手都是男朋友提出的，现在要自己提出分手，太难了。一方面，她知道分手的滋味，这肯定会给丈夫带来伤害。另一方面，她又觉得离不离婚都一样，因为这是命中注定的。

像金兰这种觉得分不分手结果都一样不好，那干脆还不如凑合凑合的想法，就是心理学上所说的忽略偏误，它是由于害怕后悔而产生的一种思考盲点。

我们之所以会感到后悔，无非是这两种原因：采取了错误的行动造成更差的后果，以及没有采取行动而错过了机会。也就是说，做可能让人后悔，不做也可能让人后悔。

那么，面对不如意的感情，为了不后悔我们该怎么办呢？

每个想分手的人都担心这个问题：万一分手的决定是错的怎么办？如果不处理好这个问题，就会像金兰那样，只能待在丈夫身边，活着，老去。

心理学家塞利格曼曾用狗做过一项经典的忽略偏误实验。他把狗关在底板通电的笼子里，铃声一响，狗就会被电击。由于每次被电击都无处可逃，所以有些狗开始觉得，既然逃不逃都一样会被电击，那还不如躺在笼子忍受电击呢。接连不断的打击，让狗产生了忽略偏误的思考盲点。

一旦产生了这个思考盲点，即使通电后把笼子打开，狗依然躺在笼子里不动。这就像多次遭受分手打击的人，本来有机会改变现状，但却认为分手的结果也可能不好，所以干脆不提分手。丘吉尔有个原则很适用于分手的情形：只要认定是正确的，哪怕正走向地狱，也要坚持下去。

假如你还是担心分手不会改变现状而选择忍受，那你就要做好心理准备：拖得越久，你就越会后悔当初没有果断提出分手。

你宁愿拖着什么都不做，是因为你像多数人那样，更看重眼前的好处——我们就像只想吃眼前的棉花糖，而不愿等待得到两颗棉花糖的孩子。从短期来看，什么都不做比做错了更让你满足；但心理学研究表明，长期效果却完全相反，因为反事实思维的存在，使得我们都会为过去没做什么而后悔。

所以，如果你觉得和他真的没有了感情，为了不悔恨终身，大胆提出你的分手理由吧。

消除安于现状偏误

李安琪曾经是我的同事，她看着公司的员工进来一拨又走了一拨，依然没有要换工作的意思，虽然老板对待她也像对待其他员工那样刻薄。她不愿换工作的原因，是担心离开这家公司后再也找不到比这家公司更高薪水的工作了。

她的感情生活也同样如此。她的男朋友是个网络安全专家，赛门铁克公司的精英人士。他们几乎没有共同话题，每天回家她看电视，男朋友则整天对着电脑。她希望男朋友陪自己说说话，缓解一下在公司承受的压力，但男朋友宁愿打网络小游戏，也不愿做她的倾听者，哪怕暂停游戏，听她说一次都行。所以，她一直有分手的想法。

但她怀疑离开男朋友是个错误的选择。“说不定以后遇到的男孩还不如他呢？”一有分手的想法，她就这样自我安慰，“他不是很好的倾听者，但他也没有打过我、骂过我，而我见过太多遭遇家庭暴力的女孩。”

像她这样因为担心分手以后找到的新恋人，甚至不如现任而不愿分手的想法，心理学上叫作安于现状偏误。这种思考盲点和忽略偏误很类似，都是因为害怕后悔而不敢有所作为。但它们也有差别：忽略偏误是因为觉得分手不可能改变自己的命运，而不想去提出分手；安于现状偏误则是因为担心新恋人可能甚至不如现任恋人，而不提出分手。可以说，当你不敢而非不愿提出分手时，就站在了安于现状偏误的思考盲区。

安于现状偏误是人人都有的本性，所以你担心分手是个错误的决定，是很正常的。事实上，这种本性使得女人普遍比男人忠于爱情；即使感情淡漠了仍不提出分手的，多数是女人，就证明了安于现状偏误对女人的影响更大。

要克服这种思考盲点，做出正确的分手决定并不容易。你只有敢于承担追求幸福爱情的风险，才可能迈出这艰难的一步。

总之，不管你曾经被上面的何种思考盲点困扰而不肯分手，现在你只要弄清自己的需要，然后坚持自己的想法，就不至于一直过着那种充满后悔的生活。

LOVE

Chapter 05

如何才能顺利和他分手

摆脱情感勒索

当石评梅得知吴天放是有妻儿的人时，她决定离开他。但吴天放先是恳求，后发现挽回无望时，继而转为威胁。

这种情况在很多女孩提出分手时都可能遇到：“你要是敢离开我，我就将我们的性爱照片发到网上去，让全地球的人都知道你。”“要是你再提分手，你就从我的公司走人，我还要把你怎样勾引老板的事抖出去。”“你要是敢分手，我就往你脸上泼硫酸。”……面对这些威胁时，多数女孩只得忍气吞声。心理学家把这些威胁称为情感勒索。

所谓的情感勒索，通常指的是某人无法为自己的负面情绪负责，于是企图用威胁或利诱来控制对方，迫使对方顺从，以达到自身目的。所以，如果你的性格中有如下这些特质，那么在你提出分手时很容易遭到他的情感勒索：

☐ 极度需要得到别人的认同。
☐ 害怕别人生气。
☐ 希望无论在什么情况下都能维持表面的平静。
☐ 容易对别人的生活承担一些不必要的责任。
☐ 极端缺乏自信，或经常怀疑自己的能力。

如果你觉得这些性格特质不便于评估，有个更简单直观的评估方式：在自己的额头上写一个大写字母Q，然后看最后一笔的方向是向左还是向右。这是英国一位心理学家发明的简单心理测试，非常准确。

具体地说，如果最后一笔向左，说明你在提出分手时很可能是个情感勒索的受害者，因为你属于高自我监控者和高负面评价恐惧者，非常在意别人的评价。

他属于哪种勒索者

情感勒索是控制恋人的一种重要手段。根据勒索的方式，可将实施情感勒索的人分为四种。首先就是像吴天放或公司老板威胁情人那样的惩罚者。这类人采用的勒索模式通常是："你要是敢分手，我就……"目的是让你感到恐惧。

其次是自我惩罚者。这类人往往过分地需要别人的爱和关注，过分地依赖别人。他们采用的勒索模式是："要是没有你，那我还不如死了算了。"与威胁伤害对方以激起对方恐惧不同，这种勒索者使用的手段是自我伤害，让你为分手感到内疚。当梁光明不肯马上和三毛结婚时，三毛先是采用惩罚勒索：你不同意结婚，那就赶紧滚，去找不想结婚的女孩。当恋人真的不再回来时，她便采用了自我惩罚进行勒索：割断手腕的静脉血管。

第三种是扮演受害者。这类人的勒索模式，通常是对你的分手要求沉默不语，但却用无助、可怜的眼神看着你，甚至可能两眼泪汪汪的，目的就是让你意识到你这样做他很受伤。

当我的朋友曾永顺向他女朋友提出分手时，她坐在他对面一言不发地看着他，他还没说完理由，女朋友已经泪流满面了。看到女朋友伤心地哭，他觉得手足无措，只好说不再提分手了，女朋友马上破涕为笑。

每次他只要一提分手,她就用这一招。“毕竟是自己爱过的人,看到她流泪,我就会觉得自己不应该离开她。但我对她真的没有感觉了,不知道该怎么办?”最后他还是离开了她,如今在西安的法门寺出家。

最后一种情感勒索者是诱惑者。他们的勒索模式是:“如果你肯留下来,我会……”诱惑者是最高明的勒索者,通常不到最后一刻,你不知道他给你设了什么圈套。山西一位高校的已婚女教师想到北京工作,获得北京户口,所以不但给某领导送钱,还对他以身相许。但“男朋友”并没有兑现承诺。所以她一怒之下,在网上公开发表了十二万字包括十多次开房记录的长篇纪实小说,轰动整个网络。

诱惑者一般都会以某种你期望的条件来控制你,他会给你美好的设想,但从不会让你实现。当然,在你对他产生怀疑时,他会用些小恩小惠来缓和局面,以免你离开他。

如何应对情感勒索

娜娜是个单纯内向的大学生,她在网上认识了一个男孩,两人聊得很投机。一段时间后,经过几次见面,她和他确立了恋爱关系。她还打算一毕业就和男朋友结婚。可是,有一天她发现男朋友竟然还有其他女朋友。一怒之下,她提出了分手,男朋友为了挽回她,保证会和其他女孩断绝关系。

但他并没有和别的女孩断绝关系。当她坚决要分手时,他一反往常的温柔,打了她一顿,警告她再提分手,就把她卖到夜总会去当小姐。她吓坏了,只好忍受痛苦,继续做他的情人。

要和惩罚者分手是件艰难的事情,因为你要是坚持分手,就有被他报复的风险,而向他妥协,就得忍受痛苦的煎熬。所以,如果你的恋人是个危险人物,你不要把自己离开的计划告诉他,等你到达安全的地方后,再向他提出分手。娜娜最后悄悄离开男朋友，向家人求助才得以脱身。

相对于惩罚者，向自我惩罚者提出分手更棘手，因为你会觉得他的自残行为是你造成的。你的善良是最容易被他利用的。每当男朋友说他俩在一起不合适，丁玲就会说她真的不能没有他；要是没有他，她活着也没意思，有时还故意挽起袖子，让男朋友看她手腕上的伤疤。他第一次要求分手时，她就是这样做的。男朋友刚一说完，她真就拿起美工刀割破了手腕。当时把男朋友都吓坏了。

每任男朋友要求分手时，她都会在手腕上留下一道伤口。这些男朋友都是用同一种方式离开她的：不在她身边而是在电话中向她提出分手。当她声称要自杀时，他们都用了类似这样的话："那只是你的选择，我希望你不要这样做，但是我已经决定了。"然后说自己很忙，就挂断了电话。

为了保险起见，你采取这种分手方式时，最好让某个人陪在她身边，以免她真的做出不理智的事情。

向扮演受害者的恋人提出分手，你的内心需要有强大的承受能力，因为他通常会用道德来指责你。黄莎莎是我中学时的班长，长得很漂亮，在全校女生口中名声不好。她的男朋友很多，所以，得知她的这些历史后，男朋友想和她分手。她不肯同意，一副受害者的表情说："我真的曾以为你和以前伤害我的那些混蛋不同，不会伤害我，看来是我想错了。"

听到这番话，她的男朋友不敢再提分手的事，直到有一天，他再也忍受不了这种精神折磨，于是公开对她说："我知道分手对你来说很失望，但是我的决定是不容商量的。"没想到，这次她却十分平静地答应了分手。如今，她成了其中一任前男友的弟媳，完全没有受害者的样子。

至于诱惑者，只要你坚决分手，通常都能顺利脱身。关键的一点是，你必须不再对他心存期待。或者，给他限定兑现承诺的期限，他做不到你就立即离开他。不要留恋，就不会再受欺骗。

无论他属于哪种类型的情感勒索者，只要你坚持自己的原则，勇敢地面对他给你施加的压力，设定自己让步的限度，以及让他知道他的勒索是不可取的，就可能摆脱他对你的勒索。

最好的分手时机

尹若洁早就烦透了和男朋友的关系。她和他是在公交车上认识的，当时正赶上晚高峰，人挤人的，她的衣服被车门夹住了，她扯了几下，夹得太紧了，没能拉出来，旁边一个戴着眼镜的斯文男孩也帮忙，还是没能成功。她以为等车到下一站开门时就可以把衣服拉出来了。但到站时车门出现了故障，打不开，得开到终点站才能修理。看她着急的样子，那个男孩说他陪她一起。就这样，她对他产生了好感。经过几个月的相互激情追求，他们成了情侣。

他是个电视剧本编剧，生性敏感，当时她以为这是艺术家的气质。同居后她才发现，男朋友不但敏感，而且武断，不许她去上班，要她在家为自己打字，整理自己的稿件。最让她受不了的，是她不得和任何其他男性来往，甚至连男同学节日的短信问候也必须向他解释。所以她受够了，决定提出分手。

这时再过几天就是男朋友的生日了，所以她决定，等男朋友过完生日再摊牌。但是在此之后，她正想提出分手时男朋友的剧本被导演“枪毙”了。看到男朋友悲惨的处境,她决定等一等再说。时间很快就过去了。年底看着男朋友在做领她回家的准备，她不忍心扫他的兴，所以决定忍到春节从他老家回来再提。

她终于向他提出分手了。他不相信："开什么玩笑，你刚和我从老家过完春节，怎么可能会想分手？是不是回去看了我家，有你不满意的地方？你想得到什么，说吧？但我希望你不要用分手来要挟我。"

"我什么也不要，也没有要挟你。我真的要和你分手。"

他死死地盯着她的脸："你这是什么意思？成心打乱我这一年的计划吗？这一年刚开始，你就向我提出分手？想分手去年年底怎么不说？现在想分手，没门！"

每个想要结束亲密关系的男女，都会想着选择合适的时机向对方摊牌，因为这样才能顺利分手。可是很多人在自认为的好时机提出分手，却会像尹若洁一样被对方断然拒绝。这是为什么呢？原因通常是这两个：一是时机不对，二是表述不对。在这一节，我将从心理学的角度来讨论何时才是最好的分手时机。

选择在最美好的时刻离开

有一次，我和朋友到四元桥的宜家去选购家具，我们逛得很累，终于看到某款感觉不错的家具，却找不到店员，得自己动手。我朋友说，这种购物体验太差了，以后再不想来这种鬼地方了，真想把买了的书桌退了。

后来，我们去了它的便利超市，朋友买了一块德国产的高浓度黑巧克力，只花了八元钱，而这样的巧克力在其他超市少说也得三十元。随后，我们到隔壁的便利小餐厅买吃的。通常情况下，商场里的餐厅价格都偏高，但宜家便利餐厅的圆筒冰激凌竟然只卖一元钱，而且分量还不少，其他食物也不贵。

吃掉三个冰激凌后，朋友的态度出现了大逆转，她高兴地说："来这里购物的感觉真好，下次还来。"

我也听到朋友们说去宜家的感觉真好，没有店员跑来烦你，问你需要什么，要多少价位的，预算是多少，你可以很放松地挑选。我一般都会说：“我看你是怀念它餐厅里的一元冰激凌吧。”

逛完宜家的人都有个习惯，那就是在出口的餐厅买个便宜超值的冰激凌。正是这个冰激凌，将你对宜家的抱怨一扫而光，觉得是一次美妙的购物体验，因为它创造了一个环境，使你在感觉最美好的时刻离开。

如果你希望他能答应你的分手要求，那么宜家的这个方法值得你借鉴，因为它是运用峰终定律的典范。

所谓的峰终定律，指的是心理学研究发现，我们对一件事的记忆仅限于高峰和结束，事件过程对记忆几乎没有影响。高峰体验之后结束得越迅速，我们对它的印象就越深刻。

具体到分手这件事上，要如何运用这个心理学定律呢？

你可能会趁着有件好事要告诉他，等他高兴时再提出分手。这是绝大多数人提出分手的做法，因为每个传达消息的人都习惯于先把好消息说出来，然后再说出坏消息，比如老师或领导评价学生或下属时，也常常如此。但对于所有的听者来说，却有完全相反的想法：都是想先听坏消息，再听好消息。所以，如果你要向他提出分手，最好是把相对较好的消息留在最后。

如果你想提出分手但手上又没有好消息要告诉他，你可以创造好消息。创造好消息并不难，这里有个简单有效的方式：利用重大节日，因为重大的节日对每个人都是一个确定的好消息。

为了让重大节日给他带来更正面的情绪，你应该留出一到两周的时间，让他适应你提出分手的坏消息，否则，即使是重大节日也不可能给他带来快乐，从而无法冲淡你对他的伤害。

在所有的重大节日中，有个节日是个例外，尤其对女孩来说，更是如此，这一天就是情人节的次日。当女孩在这一天提出分手时，通常会立刻激活男朋友的反事实思维：今天才提出分手，我又赚了一个情人节。这种占到便宜的感觉，能冲淡被抛弃的感觉。当然，如果是小气、斤斤计较的男人，那他可能会想："花也买了，饭也吃了，电影也看了，花掉那么多钱后你才说分手，你是什么意思？"如果你不幸遇到了这种男人，那越早离开越好。

如果是男人向女朋友提出分手，则最好选择在情人节之前，尤其是情人节还一起过夜的情侣，男人在情人节次日天亮后说分手会让人怀疑其人品。

综合起来，下面这些日子，提出分手成功的可能性比较大：

- ☐ 春节前的一两周
- ☐ 情人节的前几天（男）
- ☐ 情人节次日（女）
- ☐ "五一小长假"的前几天
- ☐ 中秋节前一周
- ☐ "十一黄金周"的前一两周
- ☐ 他生日的前几天
- ☐ 圣诞节的前一两周

现在，请你回头思考一下：为何尹若洁在春节后提出分手会被男朋友一口否决？

没错，她选择分手的时间使得她男朋友的脑子里只有被抛弃的坏消息，并且很长时间都找不到好消息来中和这些坏消息。

除了这个原因，她分手失败还有另外一个重要原因：春节到来之后，她的男朋友无意识地启动了对美好未来的期待。这就是我接下来要说的另一个心理学现象：启动效应。

神奇的启动效应

启动效应指的是，类似的感觉或信念，总能无意识地引起类似的反应，而不管这种感觉是生理的还是心理的。

比如，在年底时，我们会觉得事情该有个结果了，欠债的人会想着还钱，放债的人想着收款；春节期间，家人会问你新年的打算；等到春节一过，你或身边的朋友开始修改QQ签名，说新的一年要好好过……这些特定的日子让我们无意识地产生了结束或开始的念头。春节之后，尹若洁那个编剧男朋友打算写几部好的剧本，计划和女朋友去迪拜来一次浪漫的蜜月之旅，这些美好的设想，忽然被女朋友分手的要求打乱了，他怎么可能轻易就同意分手呢？如果在他还没有开启这些新生活念头之前提出分手，或许结果就不同了。

还记得我在前面提到的几个分手高峰期吗？有期末和年末，甚至周末，因为它们都会给人“结束”或“该告一段落”的暗示。这些暗示会让我们无意识地加速结束亲密关系。

你除了要运用这些时间概念上的结束，以启动他接受你分手的要求，你还可以选择在某条路的尽头，比如死胡同，或是前面就是一条河，提出你的分手理由。这种“不能再往前走”的情境，会让他无意识地觉得你们的感情也无法再“走”下去了。

另外，还有下行的电梯或是你们正在走下坡路时，也能让他接受你们的感情很难好转起来的看法。你和他面对面坐时提出分手，容易激起他的无意识对抗。而当他坐在坚硬的椅子上时你提出分手，他会觉得你的要求太无理、分手理由生硬（椅子坚硬所产生的暗示），所以更不愿同意你离开。如果你向他提出分手后，坐上与他方向完全相反的车离开，也会激起他“我和她不是同一路人”或“我们已经各奔东西”的无意识。

综合起来，选择这些时机提出分手成功的可能性更高：

- □ 年底的前一两周
- □ 学期结束前几天
- □ 毕业时
- □ 周末傍晚
- □ 路的尽头
- □ 下行的电梯，或是下坡路

而下面这些时机可能会增大分手难度：

- □ 春节之后
- □ 他生日之后
- □ 刚走上一条能看到远方的大道时
- □ 寒冷的日子
- □ 上行的电梯中
- □ 周一早上

如何提出分手才能少伤害对方

提出分手要选择恰当的时机，实质上也是为了将伤害降到最低，让他觉得分手并没有损失和痛苦。但是，要想顺利脱身，只有好的时机是不够的，还需要有充分的分手理由，而这也恰好是很多人都难以掌握的。

没有分过手的人有个普遍的错误看法：分手的理由，就是分手的原因。事实上，只有那些无法改变的原因，比如性格差异，才会拿来作为分手的理由。

其他多数分手原因，都不能作为分手的理由，尤其是分手原因涉及人品评价或对方过错的情况时，更不可能被拿来作为分手的理由。所以，对多数人来说，分手的理由，说穿了就是分手的借口。

最常用最烂的分手借口：我们不合适

这次轮到胡婵娟提出分手了。以前她总是被男朋友甩，轮到自己提分手了，她却找不到合适的分手理由。当她第一次向男朋友提出分手时，他问："为什么要分手？"她知道不能直接说出分手的原因是自己不满意他的身高和长相，因为那样说实在太伤人了。就连潘金莲都不公开嫌弃武大郎的长相，难道自己连潘金莲都不如？她只好说："不为什么，只是觉得我们不合适。"

"我们不合适？能具体一点儿吗？"

"就是觉得不合适。"

"这是我所知道的最烂的分手借口了。"她的男朋友说。"说不出理由，我就不同意分手。"最后她急得哭了起来："你要我怎么说才肯分手啊？我们真的不合适！"

"我们不合适"是多数新手分手时都会使用的理由。原因是它是句实话，同时又是假话；说假话会让人不安，但用实话来表达出假话时却心安理得。就连小孩也懂得用实话来代替假话。

比如，有一天侄子想去放风筝，在他刚跨出门槛时，他的妈妈叫住他："作业写完了吗？"他站在门口，回头说："今天是代课老师上课。"于是他被准许去放风筝了。第二天下午我妈妈去学校接他，才知他前一天的作业没有写，正留在教室补作业。他没有说谎，前一天的确有代课老师，但代课老师布置了很多作业。是他的妈妈觉得代课老师不会布置作业，所以放过了他。

但“我们不合适”这句实话却没有“今天是代课老师上课”那种能让你无意识地觉得理由充分的功效。心理学研究表明，有个简单的办法可以使人产生理由充分的感觉，那就是在一段理由之前，加上“因为”两字。

在哈佛大学心理学教授进行的一项经典实验中，由助手扮演的人假装想插队复印资料，他们对排队等候的人说：“让我先复印可以吗？”结果只得到了极少数人的同意。而另一些人说：“让我先复印可以吗？因为我必须复印。”结果有九成以上的人愿意答应这个请求。

只要稍微动脑子想一下，“因为我必须复印”完全是句废话，根本就不是什么理由，但加上了“因为”，使人们误以为对方提出了充分的理由，所以想都没想就同意了别人的请求。精明的插队者不但会加上“因为”两个字，以证明自己理由的正当性，通常也只向排在第一或第三的人寻求帮助；插在第二个人前面多数得不到同意，根源是相比其他人，第二名更容易产生反事实思维。

这个例子不是说，你只要在“我们不合适”前面加上“因为”两字，就可以顺利分手了。这只是说，在你的充分理由前面加上“因为”，可能会让他更相信你的理由；如果你的理由根本不成立，那么加上这两个字也没有用，因为它只对一些无关紧要的理由有效；像分手这种重大问题，我们是不会放过任何一个值得怀疑的细节的。

最没说服力的分手借口：我们性格不同

还记得前面说过的水果姐姐凯蒂·佩里和她老公分手的事吗？

他在新年的前一天，用一条手机短信提出了分手，而后就失踪不见了，在他的分手申请上写着分手的理由："在性格上有巨大差异。"要知道他在一个月前还公开声明："只有死亡能将我们分开。"

根据他们分开过圣诞节的情况，可以看出是圣诞节前的准备工作，使他产生了分手的想法。

所以，他说性格有巨大差异，有可能是真的，但会被视为借口，因为此前他们一直是当红艺人夫妇的楷模。

杨陆军也遇到了这样的情况。他和我表妹交往了三年多，这是他谈得最长的一次恋爱，他以为能和她结婚生子了。就在他们准备婚礼时，我表妹向他提出了分手："我们还是分手吧，性格不同。"

"性格不同？现在才发现，这三年你都在干什么？"杨陆军责问，"你以前不是说过，就是喜欢我这种性格，我们才在一起的吗？"

我表妹回答他："我是说过这样的话，但你的性格变了，尤其是在我们确定婚期后，你变得越来越蛮不讲理了。"

结果，两人争吵起来，互不相让，她退了预订好的婚宴酒店，在电话中对我说："这次我真的想和他分手了。以前我觉得他的个性强硬，可以保护我，现在我才看清楚，其实他这是霸道。他的这种性格在准备婚礼时就完全暴露出来了，所以长痛不如短痛，我必须离开他。"

但杨陆军根本不肯分手。"有没有两个性格一样的人？"他问我，"你是研究心理学的，最清楚这个问题了。她这不是无理取闹吗？她给不出合理的理由，我是不会同意分手的。"

"我们两个性格不同"是比较常用的分手托词，因为找不到性格完全相同的两个人，所以人人都喜欢拿它作为分手借口。但是，人人都能想到的借口，是最没有说服力的分手理由，这就和人人都能胜任的工作是最没有技术含量的一个道理。

所以，以性格不同作为分手理由，即使符合事实，也经常被视为编造的借口。你提出分手，一旦他怀疑你的分手动机，那要说服他便难上加难了，因为他总能找到一两个证明自己信念的例子。

当我的表妹向杨陆军提出分手时，杨陆军马上怀疑她是旧情复燃了，因为有几天他看到她的前男友来找她，两人有说有笑聊了一阵。

他觉得她和前男友的分手并不彻底，因为他知道是男孩的父母反对他们才分手的。而男孩父母的理由是两人属相不合，而且我表妹的生辰八字克未来的婆婆。

杨陆军越想越觉得事情就是他想的那样，所以越不肯分手。“我不是她的备胎。”他说。

“如果你真想挽回爱情，”我对他说，“或许你可以尝试做一些改变，你性格中的某些方面，让她对你产生了担心。这是她告诉我要分手的真正理由，我相信她至少部分是正确的。”

一年之后，他们最终还是分手了，不过分手是通过法院裁决的。那时他们结婚还不到九个月。表妹对我说：“当时我的分手理由真笨，简直就像对他说我们性别不同那样没有说服力。”

“或许，如果你这样说了，他真的会同意和你分手。”

女人最难容忍的分手：失踪和冷淡

一位当红歌手在自己的微博上指责男朋友，说男朋友从不公开恋情，最后也不提出分手，想通过玩失踪让恋情自生自灭。

或许玩失踪是因为觉得提出分手会给曾经的恋人带来伤害，或者对分手行为自责，没有勇气面对。

但事实上，女人不怕分手，但最怕这种没有提出分手理由的分手。被人无缘无故抛弃是最痛苦的。

历来功成名就后抛妻弃子的男人不计其数，为何大家唯独记住了陈世美？其中的一个原因，就是他避而不见，想和原配玩失踪。

有个大家都很熟悉的江湖人物李寻欢，《小李飞刀》中的男主角，他是很多青春期男孩崇拜的偶像。我问过许多看过这本书的女孩，你们觉得李寻欢怎么样？

结果出乎意料，她们多数都讨厌李寻欢，因为他不但将自己青梅竹马的恋人送给结拜兄弟，并且还用玩失踪的方式和恋人分手。“这种男人我是不要的，太可恨了。”这是女孩们的普遍看法。

所以，如果你想通过玩失踪来达到分手的目的，只会给她造成更大的伤害。当你某天意识到，你的快乐是建立在前任的痛苦之上的，很可能你就快乐不起来了，因为罪恶感会紧紧地扼住你的咽喉，让你在她的面前无地自容。

冷淡也是一种让女孩很受伤的分手方式。所以，采用这种方式分手，通常都分得不顺利。我的一个远房舅姥爷便是典型的例子。这个舅姥爷和他的第一任妻子是通过媒人介绍的，之前他和她没有见过面，自然不可能对她有感情，所以他一直不同意和她结婚；他和她结婚完全是“媒妁之言，父母之命”的结果。结婚当夜，他揭开新娘的盖头看了一眼，然后坐了一夜，几天后便以“不能荒废学业”为由，和二弟去了日本留学，这一去就是三年——这其实也是玩失踪啊。

即使回国后，他仍以公务缠身为由不回家，目的很明显，就是为了回避妻子。为了坚决地抵制妻子，正值壮年的他在北京的冬天特意穿单裤、睡硬板床以压抑自己。

他就这样一辈子都冷落妻子，然而还是没能顺利分手；因为她是个思想传统的女人，认为嫁人就必须从一而终。她一直陪在他母亲的身边，照顾老人的生活，履行传统儿媳的义务。

所以，如果你采取冷落的分手方式，可能只会让他更受伤害。即使最后他同意分手，也对你满怀恨意。

最有效的分手：承担分手责任

李勇是我中学的同学，也是我当年的死党，虽然我们有二十多年没见面了，但一直保持着电话联系。他很早就结婚了，妻子是他在广东打工时认识的。前段时间，他打电话给我说他和老婆分手了。

他是两个男孩的父亲，分手后五岁的小儿子随母亲生活，十岁的大儿子和他在一起。“分手是我提出来的。”他说。

“孩子都这么大了，为什么想着要分手？”

“其实我也不想分手的。”李勇说，“但我实在忍受不了这口气，每次看到小儿子，我就莫名地讨厌我老婆，因为小儿子并不是我的，这说起来有点儿丢人。”

他在一次车祸中失去了性功能，所以每次看到小儿子，就会马上意识到自己有性功能障碍。

但他并不以妻子出轨作为分手的理由，他把原因归咎于自己：“你知道，那次车祸后我们便没有正常的夫妻生活了，所以我觉得分开比较好，并且我已经决定了，这事没有商量的余地。”随后经过漫长的协商，他们友好地分手了。

他的分手借口没有多复杂，就是自己完全承担分手的责任，即使对方也有错，并且错得难以接受——性功能障碍的男人对妻子出轨更不能容忍。

所以，如果你想顺利分手，首先必须保证你的分手借口不是指责对方，自己为分手承担全部或大部分责任，同时不要让他觉得你同意分手，会使你获得道德优势。

我有位朋友想甩掉男朋友，回到前男友身边。她怕男朋友不肯分手，于是刻意极度贬低自己，以暗示对方离开才是明智的选择。“我的情况你是知道的，有先天性心脏病家族史，母亲身体不好，还有爷爷奶奶需要专人照顾，所以，离开我吧。”

即使对方也想分手，但听到这样的话后离开，就会觉得自己的人品低下，是个重利轻义的小人，所以更不肯分手，并且在分手后一直纠缠她。知道她最后怎样才甩掉讨厌的男朋友吗？现任男友忍无可忍，用刀把他砍进医院，他才从她的生活中消失。为此她付出一万多元、男朋友被关了十五天的代价。

提出分手后，短时间内的注意事项

当苏文纨得知男朋友方鸿渐真正喜欢的人是她表妹唐晓芙时，于是告诉表妹，方鸿渐其实是个不值得爱的人，比如当年他已经订婚了却在回国的船上和有夫之妇鲍小姐鬼混，发生一夜情，鲍小姐走了就立刻追求她，并且还说他买假文凭的事，还说他一直住在前岳父家。

第二天，方鸿渐又上门去看望唐晓芙时，唐晓芙不给方鸿渐说话的机会，所以方鸿渐只好说：“你说得对。我是个骗子，我不敢再辩，以后决不来讨厌。”站起来就走。

她本来没打算分手的，只是听了表姐的话想责备男朋友。但方鸿渐认为她想要分手，所以离开了她家。

当她看到男朋友站在马路上淋雨时，心想一分钟后不管别人笑不笑话她，她都要把他喊回来。然而方鸿渐却走了。

唐晓芙开始后悔自己太相信表姐，气愤时说话太决绝，又担忧方鸿渐被车撞死了。所以看着表，等了一个小时打电话去问方鸿渐，但方鸿渐还没有回去。晚饭过后，她出门到附近的小商店打电话，因为不愿意让家里人听见。

他一进门便听说前女友来过电话，他火气直冒。他正在换干衣服时电话又响了，本不想管，但佣人跑上来接，一听便说："方少爷，苏小姐电话。"他袜子没穿好，跳出房门，拿起话筒大声叫："咱们已经断了，断了！听见没有？一次两次来电话干吗？好不要脸！"唐晓芙听到"好不要脸"，赶紧挂上听筒，人都发晕，差点儿流出了眼泪。

如何让对方死心

当男朋友出门时，唐晓芙试图用"再会"来留住恋人，但他却理解成"再也不会"，冒雨出门去了，因为他已经对她死心了。

如果方鸿渐出门时唐晓芙说："我们还可以做朋友"，那么他们的故事将继续，因为这意味着还有和好的希望。所以，如果你真想甩掉他，却像张雨生在《还是朋友》中唱道的那样："就算缘分到了尽头，无力再挽留，我们还可以是朋友。"那么你们的分手肯定不会顺利，因为他觉得你对他还有感情。

李丹和她男朋友恋爱了一年后，她觉得对方不是自己想要的那种男孩，所以在期末考试结束后的晚餐上，她向男朋友提出了分手。她的男朋友一脸可怜地看着她，"这是我们最后的晚餐吗？"他说。

"我们还可以做朋友啊。"她说，"所以这不是我们最后的晚餐。"

正是这句话，使得她和他的分手又拖了大半年。每当他感觉孤独寂寞时，便会给她打电话。开始她觉得这是他对她的依恋，时间一长就会有所改变，而后渐渐地觉得这是他对她的信赖。总之，她以为时间能把爱情淡化为友情。

但她的新男友并不这么看，尤其是他得知对方就是她的前任男友时，对她的做法更为不满，多次提醒无效后，他向她发出了最后警告：如果她不和前任断绝关系，就立即分手。前任男朋友得知她又分手后，以为自己的机会来了，于是更猛烈地追求她。

现在，她最烦心的事，是每逢过节他都会给她发一些过分关心的短信或邮件,而这一切都隐藏在好朋友的名义之下。她知道他对她还不死心。这既让她深感幸福，又很不安。

女孩同意分手后还可以做朋友，是由她们善良的本性决定的。女孩都认为彻底冷对曾经爱过的人，会给他带来太大的伤害，保持朋友关系是对他的安慰。但有些男人的想法很直接，没有性关系，就没有关系。既然你还想保持关系，说明还有挽回的余地。

所以，你向他提出分手，却用“还可以做朋友”来安慰他，只会让他对你抱有幻想。

其实，女孩的这种本性在被甩时也会显露出来。只要你对他还没有完全死心，即使他说出了合理的分手理由，你还是会问他：“我们还可以做朋友吗？”

当你提出这样的要求时，他通常是不会拒绝的。但他不会把这看作是对你的一种安慰，也不会觉察到这是你对他还不死心的表现。他答应你的要求，只不过是男人保留性伴侣的一种本能，因为在进化中男人接触的女人越多，发生艳遇的可能性越大。

所以，无论你是主动分手还是被动分手，如果他不值得你再爱，那就勇敢地离开，不要挂念。

如何让对方不胡搅蛮缠

史咏梅离开男朋友后，并不能摆脱他，因为男朋友知道她的住址，知道她上班的公司，知道她的手机号码、QQ 号和电子邮箱。当她把所有的联系方式都换了，他就在微博中私信她，说她不见面，他就去公司楼下等她。

为了摆脱他，她只好从公司辞职，并且搬离原来的住所。

但他很快就从她朋友那里打听到她的消息。她已经多次向他挑明，他们不可能再继续了，可是他仍不肯放手。

她以为赶紧找个男朋友他就死心了，但仍然没有效果。她的新男友一怒之下找人把他暴打一顿，他从医院出来，专程跑到她老家去放狠话，说他这一辈子也不会放过她的。

有个表弟告诉我，他已经对甩掉初恋女友绝望了。他们是中学同学，他对她完全没有感觉，她也知道他暗恋另一个女孩，但高考后她近水楼台先得月。表弟说，毕业后他们同居了一段时间，但始终说不到一处，所以他提出了分手。女朋友坚决不同意，指责他人品有问题：“既然不爱我，为什么要和我同居，还害得我一而再、再而三地为你流产？”

表弟不敢再提分手，但心里不再视她为女朋友。得知当年暗恋的女孩也喜欢自己时，他向她表白，并且得到了回应。然而他的现任女友登录他的QQ警告对方，说他是个负心汉，薄情郎，对好多女孩始乱终弃，她就是受害者之一。就像苏文纨在她表妹唐晓芙面前说方鸿渐的坏话一样，结果可想而知。

以后他想开始一段新恋情，她就会搬出这一套。这样持续了两年，最后他发现，离开她的唯一办法就是去德国投靠自己的小姨，过几年再回来。令他又惊又气的是，当他回国走出机场时，她竟然在那里冲着自己招手、微笑。

分手后最难应付的问题就是对方胡搅蛮缠。当石评梅和吴天放分手后，吴天放经常来纠缠她，每次她想投入高君宇的怀抱时，吴天放就会写信给她，说她爱上别人他有多难受。结果，她错过了最爱的男人，抱憾终身。表弟现在终于摆脱了初恋情人，但错过了他暗恋的女孩。如果当初能让恋人不胡搅蛮缠，他们的生活可能就完全不是这样了。

那么，分手时要如何做才能避免恋人的纠缠呢?

首先，在分手时不要给他还可能复合的错觉。一旦他以为最终能挽回爱情，就会不遗余力地纠缠你不放。

在一项实验中，心理学家把一群老鼠扔进装着水且无法爬出的细口瓶里。那些从来没有被救起的老鼠，挺不过十五分钟就淹死了，而那些之前在水里被救起的老鼠，则苦苦挣扎了六十个小时。这是因为前者没有得救的希望，所以很快就会放弃。而后者因为被救起过，所以产生了一种错觉：只要我不放弃，最终会获救的。

这种情况很符合被甩的人。所以，你只有不给他任何复合的期待，比如分手了便不再和他做朋友，才更有可能避免他对你胡搅蛮缠。分得彻底，才断得干净。

其次，如果有可能，就尽量友好分手。交恶后的分手，他自然不会对你心存期待，但他可能为了报复而纠缠你。

当方鸿渐被迫吻了苏文纨后，回到家赶紧回封信向她道歉，第二天当她打电话时，他承认自己其实爱另外一个人。结果，当场招来一顿臭骂。苏文纨还不解恨，所以又向方鸿渐的心上人说了他的坏话。

交恶会导致他纠缠的原因是，报复能让人产生快感，这种感觉就和享受美食时的满足感一样。所以，友好分手是你摆脱纠缠的前提条件——毕竟，没有人能心安理得地去伤害一个好人。

Part 03 没有你，我仍然会很好

分手不是世界末日，
只是为了找到真正属于自己的爱情，
所以，没有你，我可以过得更好。

Chapter 06 分手后的心理调适

被动分手者的心理特点

明朝万历年间，江南布政司的儿子李甲上京求学，偶遇京城名妓杜十娘。两人情投意合，李公子天天沉浸在温柔乡里，荒废了学业，耗尽了钱财。他的父亲知道后非常生气，不但断了他的供给，并且让京城的亲戚都不要借钱给他。

杜十娘决定把终身托付给李甲，老鸨同意只要李甲在十天内拿出三百两银子就可赎出杜十娘。但他在亲戚中名声很差，所以没有人借钱给他。杜十娘从被子里抖出一百五十两碎银，让他再去想办法借剩下的那部分。这件事感动了李甲的同乡同学，他出面给他凑足了赎金。

他们离开北京，打算回到李甲的老家。但李甲担心自己带个妓女回家，没办法向父亲交代。杜十娘就说："既然这样，那我们先去苏杭胜地游览一番，然后你回家请亲友们劝劝你的父亲，等你父亲气消了再来接我。"

两人坐船到瓜洲古渡时天降大雪，船不能开了，杜十娘唱歌给恋人听。不巧，做垄断生意的孙富也被困在这里，他当时就被杜十娘的歌声迷住了，所以说服李甲把杜十娘卖给他。杜十娘听到恋人要把自己卖给别人，犹如五雷轰顶。她痛骂孙富拆散他们，指责恋人不信任自己。她把百宝箱中的宝物一件件抛入江中，最后自己也跳进了江里。

男女由热恋到不得不分手，都会造成情绪上的极大变化。这些不稳定的情绪，比如愤怒、生气、哀伤、悲痛等，可能导致爱情悲剧的发生。被动分手者可能像杜十娘一样，采取自杀的行为。如果被动分手者是强势的一方，可能用威胁、殴打，甚至杀害等手段报复对方。如果被动分手者是弱势的一方，则通常会自我伤害，比如割腕、跳楼或是服用过量的安眠药自杀。分手时的强势弱势，通常不是指体力上的，而是指分手原因上的。

被动分手者的心理（1）：我是不是不好

他忽然向你提出分手时，你吃惊之余，还会产生这样的想法：“我是不是不好？”但你不会直接表达出来，你会换种方式说：“你是不是另有心上人了？”在无意识层面，这两句话其实是一个意思。小时候生活在父母的专制或忽视型教养模式下的人，恋爱被甩后的自我价值感很低，所以会认为是自己不好他才提出分手的。

林心梦的父母在她小学时就离婚了，她先是和父亲生活，但自从父亲和继母生下弟弟后，她便成了多余的人。母亲把她接走，但继父也不愿接纳她。母亲将她送到外婆家，但外婆处处都护着她的表弟，舅妈经常为她跟舅舅吵架，说她有爸有妈，轮不到自己去养她。她感觉自己就是一个不受人欢迎的怪孩子。所以，当她的男朋友追求自己，对她百般体贴时，她就认定这辈子非他不嫁了。

她担心男朋友离开自己，所以为他付出了一切。然而，他的男朋友有个相当专制的母亲。当他母亲不同意他们在一起时，就意味着这份恋情结束了。

“或许你能说服你妈妈？”她说。

“不可能，我妈妈的脾气我最了解。从小到大，只要是她决定的事，没人能改变的。”

“那你不能做一次决定吗？”

但男朋友低头不语。她只好心有不甘地说：“我们还可以做朋友吗？”他答应了。她以为这是他留给她复合的余地，他以为这是减少她伤害的办法。但经历了反复的复合和分手后，最后她绝望了。

彻底分手之后，她一直无法从失恋的阴影中走出来。她经常想：“我是不是不好，所以男朋友的妈妈才不喜欢我？”“一定是我不好，男朋友才要和我分手的。”其实她不明白，分手的根源，是男朋友在专制的教养模式下长大，没有自己的主见，习惯了听从母亲的安排。

被动分手者的心理（2）：我们还可以做朋友吗

“我们还可以做朋友吗？”是很多女孩被甩后都会问的问题，因为八成以上的女孩刚被甩时都认为分手后还能保持朋友关系。

那么，分手后到底能不能继续做朋友呢？

心理学家调查发现，现实并没有女孩们想象的那样美好，而且是相当残酷的：只有三分之一的人分手后能做朋友。也就是说，多数人分手后很难再做朋友。

你可能会问：究竟哪些人在分手后还能够做朋友呢？我又该怎么做，才能和他回到从前的朋友关系？

还记得前面我一个表弟的女朋友分手时向他索要五万元青春损失费吗？分手三个月后，表弟找到了她的 QQ 号码，并向她发出申请加为好友。在等待前女友回复的那几天，他很怕被忽略或是拒绝，他的心脆弱到不能再承受一次打击了。让他意外的是，她不但通过了他的交友申请，还祝福他早日找到合适的女朋友。这时他才发现，一直以来觉得无法和她做好朋友的人是自己。这份恋情就这样结束，他心有不甘，所以用“知心朋友”做掩护，希望有一天她能回到自己身边。做了一段时间的好朋友后，她瞒着坚决反对的家人，和他悄悄领了结婚证。

分手后能不能继续做朋友，取决于下面三个前提：

首先，要看你们分手是谁提出来的

通常，如果分手是男方提出来的，那么分手后比较容易继续做朋友。因为男人并不反感和前女友有联系，而女孩被动分手后的心理失调程度相对严重，对恋情很怀念。这两个条件使得分手后还能做好朋友。

其次，要看你和他交往之前的关系

如果你们先是朋友，而后再恋爱的，那么你和他可能在分手后做回朋友，因为你们知道怎么以朋友的方式相处。相反地，如果你和他是认识后不久成为情侣，或是通过相亲发展的情侣，那么分手后继续做朋友就很困难，因为你和他谈恋爱之前根本不是朋友，你们没有共同的朋友圈子，也没有以朋友身份相处的经验。

最后，要看分手的处理方式

正面沟通不一定带来好结果，但逃避不但有损关系、让彼此相互讨厌，还可能让双方连朋友都做不成。因为避而不见意味着他不再信任你，他和你没有相同的朋友圈子，并且不愿调整你们之间的关系。心理学研究表明，被动攻击或回避战术只会降低彼此的依赖、让他不再爱你，或是觉得“替补”比你好。

有些恋人分手后能成为长期的好朋友，甚至能再续情缘，而多数人的友情持续时间很短，这又是为什么呢？

这里面有两个关键因素：一是有家人、朋友的情感支持，二是两人相处时没有轻视的争执。

如果你和他继续做朋友的决定得不到家人或朋友的情感支持，你很快就会放弃这段友谊。比如说，他把你甩了之后，你的家人或朋友可能会说：“像他那种烂人你竟然还想继续和他做朋友！”“他可以继续去欺骗别的傻女人，但我不许他再纠缠我最好的姐妹！”“还有很多好男人值得你去爱，不要在一棵树上吊死。”这些话足以唤起你对他的负面评价，所以自然不愿去维持友谊。

有些人认为分手的根源是争吵。事实并非如此，如果是带着正面态度的争吵，反而有利于加固关系，只有那种带有轻视态度的争吵，才对感情和友谊是致命的。还记得我前面说过的神奇比例数字 5∶1 吗？记住，它才是最可靠的判断依据。

被动分手者的心理（3）：他真没眼光

当黄莎莎无法留住男朋友时，便告诉她的姐妹们：“我那男朋友真没眼光！”

“他真没眼光！”是许多被动分手者都有的心理，因为这样能减轻自己的心理失调。我们都有一种共同心理：我是有价值的人，别人离开我，那是因为他有眼无珠。

通过贬低对方为自己被甩辩护，多发生在自我感觉良好的人身上，尤其是从小被家人溺爱的独生子女，被甩后最可能产生这种心理。

黄莎莎是一个大家族好几代人中唯一的女孩。她不但有爷爷奶奶、爸爸妈妈的宠爱，而且伯父伯母以及所有的堂哥都喜欢她，由着她的性子，这使她形成了很强的自尊心。而大量的爱，以及不设规矩的放任不管，又使她爱抱怨，不按规矩行事。所以当男朋友提出分手时，她的自尊心严重受损。她以为只有她有甩人的权利，现在轮到自己被甩，她根本无法接受。

但这就是事实，所以她让几个堂哥把男朋友狠狠地教训了一顿，然后用“他没有眼光”来安慰自己。

如果你被他甩掉时也有这种心理，则要小心了，虽然这种自我辩护让你心里好受，但也意味着你坚强的自尊下隐藏着一颗脆弱的玻璃心，你习惯了别人把你捧在手心，所以别人把你抛在地上时就会格外受伤。当黄莎莎一次又一次地被男朋友抛弃后，她那高傲的自尊心被摔得七零八碎，最后嫁给了前男友的弟弟，因为只有他不计前嫌，真正愿意娶她。

被动分手者的心理（4）：又被骗了

我的堂姐金兰谈了很多次恋爱，有好几次是在网络上进行的。这些网上认识的男朋友，都是借了她的钱后就从人间蒸发了。她被骗了一次又一次，所以现在不相信网上的任何东西，比如不敢上网购物，不敢和陌生人网聊。

毕业后她进入了一所高校做行政工作，办公室的领导看上了她。当时他的妻子移民去了澳大利亚，所以他说自己是正在办理离婚手续的自由人士，并承诺办好离婚手续马上和她结婚。这一拖就是两年，最后得到的结果是，婚是结不成了，他的妻子反悔了，坚决不肯离婚，但他希望继续保持情人关系，因为他妻子远在澳洲又不回来。

金兰知道她又被骗了，所以最后她通过相亲认识了一个乏味的公务员，不久便和他在一起了。她被骗怕了，觉得这样一个老实、乏味且没有追求的男人反倒安心。

被甩后产生上当受骗想法的人，通常是以前真的被欺骗过感情。但还有一种人被甩时也会产生这种想法，那就是从小生活在被父母忽视的家庭环境中的人。这种人成年后对待爱情普遍有种既想爱但又害怕失败的矛盾心理，因为小时候他们对父母表达了爱，但却被忽视了。这让他们产生了被骗的感觉。所以，当你向他提出分手时，他可能冲着你喊：“你这个骗子！”

被人视为骗子是不舒服的，但如果因此深感愧疚而放弃分手，则是不值得的。如果他小时候父母对他关爱较少，也不怎么管教他，那他对所有人都持有不信任的态度。对于这种人，想离开，就勇敢地离开吧。

如果你成了被动分手者，首先要及时调整自己的情绪和心理，自我充实，以等待下一个机会，因为失去心爱的人并不就是绝路，生活还得继续。所以，他离开之后你要在情绪不稳定时向好友、亲人或其他信赖的人倾吐心中的苦闷，宣泄心中的压力，或是去一些风景优美的地方旅行，运用启动效应来激发心理能量，以中和负面情绪。

其次，思考这段恋情的得失也很重要。不要抱怨对方，分手不是一个人有问题，而是你和他都有问题；爱情没有对错，只有彼此合不合适。不纠缠，不自责，感谢他给你带来的美好记忆吧。不要自我放弃，因为恋情失败并不是你没有价值，而是你们不合适。

再次，你要努力改善自己的缺点，把别人的优点内化为自己的优点，以免再次成为被动分手者。

最后，也是最重要的，分手后你要努力敞开心扉，接纳别人。分手不是世界末日，每个人都有生死离别。就像《圣经》中所说的：结束了，才会有新的开始。

主动分手者的心理特点

田鸿斌是我的中学同学，因为他走路外八字，很像鸭子，所以我们都叫他鸭子。我们同在一所学校，但接触不多，只知道他一度极为迷恋黄莎莎。他高考落榜后和村里几个人去了廊坊做室内装修工人，主要是刮腻子。几年后他来到北京，一时工作没有着落，所以开始频繁地来我的住所吃喝。

在这年夏末的一天，他将我领到一家发廊，让一个女孩给我理发，并介绍说这是他的女朋友。“这就是我经常跟你说起的小芳。”他煞有介事地说。他的确说过他正在追求一个女孩，但我没想到是发廊妹。他们是在公园散步时认识的，当时她在遛狗，而狗追着他咬。

过了一段时间，已经是深秋了，我下班回家比较晚，发现他坐在我家门口的台阶上喝酒。他说女朋友把他甩了，跟了一个有钱的山西男人跑了。“我不该对一个发廊妹动真感情的，”他伤心地说，“都说戏子无情，她比戏子更无情。”我了解他的性格，这只是他的气话，其实他仍舍不得这段感情。

几年后，我在一家麦当劳吃早饭，忽然听到旁边的人叫我的名字。我大吃了一惊，仔细一看竟然是田鸿斌以前的女朋友小芳。她问我最近他过得怎么样。“当年分手是我不对，我真的没勇气接受他的爱。我也想过去找他，但我觉得我欺骗了他的感情，没有脸面对他。这些年我没再接受任何男孩，因为我曾经伤害了最爱我的人。”

主动分手者的心理（1）：我欺骗了他的感情

主动分手者并不像你想象的那样无情，分手也会对他造成内心不安。的确，相对于被动分手者，主动分手者的负面情绪较少，失调程度较轻。但他同样也会为还有感情却不得不分手感到难过。尤其是女孩提出分手后，更容易受这种心理的困扰，因为母性只允许她保护和爱一个人，而不允许她对任何人造成一点儿伤害。比如，唐晓芙听信表姐的话，和方鸿渐分手后，马上就后悔了，开始担心起他来。

当小芳悄悄离开发廊，不再联系田鸿斌后，她跑回了老家，把自己关在屋子里，整天都以泪洗面。她有几次鼓起勇气给他打电话，但他已经关机，而后一直打不进去，她意识到他已经把她拉入了黑名单，一段时间后再打，提示手机已停机。越是联系不上他，她就越觉得自己欺骗了他的感情。“如果我不是一个发廊妹就好了。”她自责地说，“是我把他害了。”

“其实他活得好好的。”我说，“你不必自责。如果你愿意，我可以把他的电话号码告诉你，或者把你的电话号码告诉他。”

“他还会接我的电话吗？”她显得很担心。

“当然会接，他仍对你痴心不改。”

她忽然迟疑起来。“你说，要是我和他真的在一起了，他会在意我的过去吗？”

“当然不会，我很清楚鸭子的性格。”

女朋友不辞而别后，田鸿斌把她的电话号码拉进了黑名单，但没过两天就后悔了。只是这时她关了手机，躺在床上流泪。而他却以为她不想再接他的电话，所以才关了手机。当我告诉他，当年小芳离开他是因为没有勇气接受他的爱，这些年来一直为分手感到后悔和自责时，他按我所说的地址，直接去了她的老家。

主动分手者的心理（2）：我是不是不道德

有个匿名的女孩给我写邮件说，她现在很不安，因为她在男朋友母亲病重时和他分手了，更严重的是，他母亲没多久就去世了。她觉得是自己害死了男朋友的母亲。

她在邮件中写道：“如果我不和他分手，或许他母亲就不会这么快离世了。我感觉是她以为我甩了她儿子，所以气死了。要是早知道会这样，我肯定不会和他分手的，至少不会在那个时候提出来。现在，我觉得自己就是个罪人！”

这是主动分手者常有的另一种心理，尤其是善良的女孩，这种负罪感更强烈。心理学家把这类人称为高负面评价恐惧者。他们因为对自己缺乏信心，所以非常在意负面评价，对负面信息敏感，并且倾向于把模糊的或中性的信息视为负面信息。

所以，如果是他们提出分手，就会产生这样的想法：“在这个时候离开他，我是不是个坏女/男人？”这句话的深层含义是：“我提出分手是不是显得不道德？”当李甲决定把杜十娘卖给奸商孙富后，他的良心受到了谴责，所以他回到自己的船上时长吁短叹，不知该如何向他心爱的女人开口。

如果你和他分手后深受这种负罪感困扰，那么你应该改变的，不是你和他分手的现状，而是你的思维模式。从进化的角度来讲，在意负面信息是件好事，因为我们的祖先正是靠着这种思维模式活了下来，但如果今天我们仍保持这种思维习惯，那就很难感到快乐。如果他真的爱你，那么即使分手了，他仍会希望你过得快乐。

主动分手者的心理（3）：终于解脱了

并不是所有的主动分手者都会被负面情绪困扰。如果你在和他相处期间遭受暴力，或是分手后被他胡搅蛮缠，一旦真正离开他，你就会产生这种想法：“现在终于解脱了。”或是“我现在终于摆脱了那个混蛋。”当张汝州被抓走时，李清照一定在想：“总算甩掉那个骗子了，现在去坐牢也值了。”

只要在内心深处意识到当前的恋情是个错误的人，分手后就会产生这种心理。这种人一般从小生活在充满关爱，同时又没有过度控制的家庭，即童年时接受了最理想的家庭教育——权威型教养，它有个典型模式是民主型教养。简单地说，它指的是充满关爱的父母给你设定了行事规范，但并不过分强迫，你有一定权限的自由。这种环境下成长的人，乐观、独立并且有真正的高自尊，这不同于在溺爱型教养下成长所形成的脆弱高自尊。如果你是个真正高自尊的人，即安全高自尊者，那么当你向他提出分手后，你不会心理失调，也不会掉进沉没成本效应的思考陷阱。你会对自己摆脱他感到满意，并且不担心再遇到和他差不多的混蛋。

如果你既对离开他感到高兴，又害怕再遇到同样的极品恋人，那说明你并非真正的高自尊者，而是脆弱高自尊者。这意味着你会遇到一个严重的问题：虽然当前你满意地离开了他，但一段时间后你就会开始后悔。所以你和他更可能是一种分分合合的溜溜球恋爱模式。这种恋爱的最终结局多半是他觉得“终于解脱了”。

总而言之，如果你是主动分手者，你应做好以下这些准备。

首先是在分手前弄清楚自己为什么要提出分手。这个问题是你分手成功与否的关键。

很多时候你会把分手的借口当成是分手的理由，但在他追问时，你就会觉得词穷、理亏，这就像有的人想甩掉女朋友，会以女朋友没把某件小事做好作为分手的理由，如果女朋友有理有据地提出反驳，他们就露出蛮横的本性。所以，你的分手理由不但要符合事实，并且要简洁，同时你的分手态度也要坚决才能顺利脱身。

其次，你要让理性的第三者评估你们这段恋情，分析分手的利弊，以免你因陷入自利偏误的思考盲区而放大自己的感受。

再次是选择在心情好时向他提出分手，以免你指责他，或对他进行人身攻击，以减轻自己的心理失调。你提出分手的原则应是不伤害他，不亏欠他，否则你会心理失调。向他表达你知道分手对他的伤害，希望得到他的谅解，可能促成友好分手。

最后，分手了不要马上开启新的恋情，因为这会给他一种错觉，你甩掉他是因为你另有新欢。留出空白时间，让他疗伤，也给自己思考。

分手后的调适方法

乔迪是个温柔漂亮、很有才气的年轻画家和摄影师，人们很难将她和杀人凶手联系在一起。但她杀了已经分手五个月的男朋友特拉维斯，用了非致命的二十九刀，最后割断他的喉咙，朝他脸上开枪将他打死，足见她对他的离开是多么的仇恨。

这起发生于 2008 年的分手谋杀案，在 2013 年谷歌的华盛顿区热门搜索排行榜名列第六，比当年美国政府关门还受人关注，在雅虎所评的 2013 年十大热门搜索新闻中高居榜首，远高于人们对叙利亚内战的关注。

乔迪有强烈的占有欲，虽然她同意了男朋友离开，但两人还保持着性关系，她经常跟踪他，有时还扎他的车胎。当她听说他将和新女友前往墨西哥度假时，于是准备了枪和刀赶往男朋友家。这起分手谋杀案直到五年后才宣判，最终乔迪的一级谋杀罪名成立。

错误的调适方法

分手后的心理调适方法非常重要，但很多被动分手者却不知道这一点。那些分手后报复、网上发帖辱骂前任的行为，都是因为采用了错误的情绪宣泄途径。弗洛伊德认为，我们被压抑的情绪，必须要通过攻击性的方式宣泄出来，不然会对我们的心理造成巨大伤害。这种观点在我国很流行，也非常受欢迎，因此深深影响着每一个被动分手者，并使被动分手者普遍产生了两种宣泄错觉：暴力攻击和言语攻击。

有个未婚的医院化验员，下班后闲得无聊，忽然对手机上的“微信”感到好奇，所以他用“摇一摇”认识了一个头像漂亮的女孩，两人谈起了恋爱。她是个单亲妈妈，离过两次婚。但他并不在意这些，因为他觉得自己很爱她，虽然他的家人都反对，但他们还是住在了一起。他把她的名字和生日都文在自己的胸上。

三年后她提出了分手，考虑到他们总为一些小事争吵，所以他同意分手，以让自己冷静下来。虽然分手了，但两人还保持着联系，有时他也会去她的美甲店坐坐，和她聊聊天，因为他觉得他们最终还会在一起的。但分手四个月后，他听说她有了新男朋友，是个有钱人，年纪比她大，并且家里有老婆孩子。他一听就来气了，打电话给情敌。谁知反被警告不要再和前女友联系，否则会教训他。

他来到前女友的美甲店，想和她好好谈谈。当他提到情敌时，她发火了，说他们既然已经分手了，就请不要干涉她的生活，并让他马上离开美甲店，甚至报了警。他在警察的劝导下离开了，但随后又从美甲店的后门进了屋。他进去时正好听到前女友给他的情敌打电话，因此两人又大吵起来。当天晚上，他再一次去找她，希望复合，但遭到她的家人殴打，一怒之下，他扑向前女友，用防情敌的弹簧刀在她身上刺了三十多刀。

这就是由言语攻击和暴力攻击导致的严重后果。事实上早在三十年前，就有心理学家研究证实，攻击性发泄只会造成更大的仇恨。

有位心理学家读博士学位时曾做过一项实验，他故意用言语问候实验参与者的母亲，目的就是激起人们的愤怒。有些人去了他的导师面前，用言语发泄了自己的不满，有些人则没有这样的机会。在接下来的“惩罚—学习”实验中，只要学生答错了，就会被老师惩罚，方式是电击，电压是可以自主调节的。而愤怒的人们扮演了老师，这位心理学家扮演了学生。现在，只要他答错了，被他辱骂过的人就可以电击他。结果是，那些无处发泄愤怒的人，反而较少报复他，并且程度也明显低于用言语攻击过他的那些人。

被甩后喜欢用言语攻击对方，还和我们的一个错误常识有关。我们都以为，脾气发完了就没事了。其实哪有这等好事！

有个朋友被男朋友甩了后，在她的QQ空间里写了长篇日志。仅从标题上看，这是一则回忆她和前男友相爱和分手的故事，实则通篇都在指责男朋友，说他玩弄感情，是个骗子，是个借了钱不还的无赖，哄她去流产却半途跑路的无耻小人。发表这篇日志后，她在QQ上签名："远离小人之后，雾霾竟然一去不返了。"然而，接下来很长一段时间，我发现她每天都在更改QQ签名，并且传递的信息绝大多数都是负面的。我建议她删掉那篇日志，改掉QQ签名。"不，只有骂他，我的心里才好受一点儿。"她带着哭腔在电话中说，"越骂他，越觉得他无耻，我就越好过。"

后来，我发现那篇日志不见了。"如果骂他真的能让你好受一点儿，为什么要删掉呢？"

"他看到了这篇日志，并说那只是我的看法，即使这样评价他，他也不生气，因为攻击别人其实是跟自己过不去。我觉得他说的有道理。"她说，"删了日志之后，我反而觉得没那么恨他了。"

被甩后用攻击性的方式宣泄情绪只会变得更糟的原因，是你攻击他时会进行自我辩护：他就是个混蛋、骗子、流氓……这意味着什么呢？这意味着你有权辱骂他，并且会更恨他。

正确的调适方法

美国心理学家詹姆斯·格罗斯是情绪调节领域的权威。你可以运用他的情绪调节方法，摆脱被甩的悲伤情绪。

首先是情境选择

这是最有预防效果的调节方法。具体的操作方法是：你和他分手后，要有意识地选择靠近或避开一些人、事件、场合以调节自身情绪。比如，如果你刚分手，就应避免到曾经和他有过美好且深刻回忆的地方，比如你们初次相遇的地点，以免伤心和失落。

其次是情境修正

它是指你要努力改变那些潜在的情绪激发情境。比如分手后不要和他住得太近，不要在情人节独自一人去逛街，因为对比别人成双成对，你可能感觉更孤独、更悲伤。这个时候对比效应对你的影响非常大。

第三是注意力分配

这是一种最常用,也是最早的情绪调节法。当情境无法选择或修正时，比如他和你是同事，你们分手了但你还需要这份工作，所以你不能离开公司，这时只能运用注意力分配情绪调节法。这种方法主要有两种类型：分散注意力和集中注意力。

分散注意力有个更通俗的说法叫分心。你和他分手后，要努力把注意力从他身上移开，或者只集中在他的某个方面，这就像给害怕打针的孩子可爱的玩具一样，转移对他的注意力，被甩的悲伤便不会笼罩着你。

而集中注意力，是指分手后你将注意力集中到正面事件上，而不是分手这件事本身。当你的注意力反复指向分手后的悲伤情绪时，你的悲伤会持续很长时间，并且会更抑郁。当你将注意力集中在正面事件上后，可产生心流体验。

所谓的心流体验，指的是你的意识集中在一个非常狭窄的范围当中，不相关的知觉和想法都会被实时过滤掉，你失去了自我知觉，只对具体的目标和明确的回馈有反应，并通过操控环境产生控制感。当你全心全意地投入活动情境当中，集中注意力并过滤掉其他不相关的知觉时，就进入了心流体验状态，这时你会变得快乐，就像痴迷网络游戏的人一样。

产生心流体验有两个关键因素：技巧和挑战。它们会相互影响，并产生不同的感受。当技巧高于挑战时，你会感受到轻松进而觉得无聊；当挑战高于技巧时，你会因为受到挫折而感到担心及焦虑；只有当这两个因素相互平衡时才会进入心流体验状态。

因为学习新技能是使人产生愉悦的心流体验的最佳方式，所以分手后你可以尝试学习某种兼具技巧和挑战性的新技能。

第四是改变认知

这是最难的,也是最有效的情绪调节法。被甩后你会在“我是个好人”和“我为什么会被甩？”之间寻找一个合理的答案。由于人人都存在自利偏误，所以你在解释自己被甩的原因时倾向于把责任归咎在他身上：他有眼无珠，他就是个感情骗子……这种心理失调导致的自我辩护，有一定的情绪调适效果。但它通常是短暂的，因为这种调适方法是以贬低他为代价的。所以，如果他开始新恋情，并且恋人比你更好时，你就会变得不再恨他，而是想挽回他，结果你可能不理智地对他纠缠不放。

改变认知的关键，是多从情境角度解释他对你的态度和行为，而不是从他的人品、性格方面对他进行判断。如果你被分手所困扰，那么困扰你的是你自己对他的判断，而不是他本身。

最后是反应调整

分手后暴饮暴食、喝闷酒、抽闷烟其实都是情绪调适手段。但如果你经常用这些方法来调节情绪，不但会有短期的负面影响，而且也会影响长期的正面情绪。所以，比较有效的反应调整是正面思考。

正面思考调整法

分手后的正面思考调整法，既属于反应调整，也属于改变认知法。被甩者很少有正面的情绪，而负面情绪会启动负面思考。这是人的本能，就像在春天想到新生，冬季想到死亡一样自然。被甩后的悲伤、愤怒和孤独无助会使你不由自主地痛恨他，因为这样你的心里才稍微舒服一点儿。比如，你和他已经分手了，某天在路上相遇了，你冲着他笑了笑，但他却没有对你做出同样的回应，这时你可能会这样想："我太贱了，被那个混蛋甩了还对他那么友好。以后再理他就不是人！"

很显然，这是一种负面思考，它不可能让你感觉良好，只会使你在恨他的同时也生自己的气。这就像契诃夫的短篇小说《公务员之死》中的主角切尔维亚科夫一样。他在看戏时打了个喷嚏，溅到了坐在前排的将军身上。这本是一件小事，并且将军本人也不计较，但他却跟自己过不去，总是想到负面情况，结果惹恼了将军，激起了他更大的担忧，最后忧郁而死。

假设当时你是这样想的："他可能正在想别的事情，没有注意到我。"或者"即使是看到我也没理睬，可能有什么特殊的原因。比如他不想让新女朋友吃醋。他这样做是有道理的，因为我了解他……"那你的感觉就会好得多，因为这是一种正面思考，它既能让你避免心理失调，并且也不用攻击曾经的爱人。

有个简单的指标可以帮助你判断自己属于哪种思考：归因。我们都有基本归因错误的习惯，也就是天生喜欢为自己开脱和怪罪别人。所以，分手后你将自己的评价归因于处境，或是将他的评价归因于他的性格或品格，就很可能启动了负面思考。设身处地为他着想，是你摆脱分手阴影的第一步，也是你的新恋情得以持续的关键，因为这种正面思考帮助你学会了公正对待恋人。

交流分析法

交流分析法指的是，两个人之间的交流是以彼此的自我状态互相交换信息，一方表达想法或诉求，另一方响应而实现的。这是一种以自我状态进行交流的分析。根据不同的表达和响应方式，心理学家将交流分为以下三种类型。

首先是交叉型交流

这是不友好分手后人们用得最多的交流形式。所以，如果你被甩了，那你们的交流形式通常就是它。确切地说，交叉型交流，是指你满怀期待地向他提出了某个要求，可是他的回应完全不符合你的期待。这种交流形式会使你感到挫折、不受重视，因而中断交流。这时你可能退缩、逃避他或者转换交流形式。

比如说，分手后你想挽回爱情，于是对他说："给我一个机会，我想和你好好谈谈。"但他却冷冷地告诉你："我们的性格差异太大，并且都已经分手了，还有什么好谈的！"这样的交流肯定让你很受挫，不愿再谈下去，谈得越多，只会使你的情绪越差，因为你始终得不到期待的答案。这样做的结局是，你会产生这种生活态度："我好—你不好"。

一旦你持有这种态度，通常有被出卖和受伤害的感觉，因此也会反过来出卖或伤害他，比如向他挑衅，将自己的不幸怪罪在他头上，对他吹毛求疵。

其次是暧昧型交流

有些人被甩后担心复合要求被拒绝，所以会采用暧昧型交流。所谓的暧昧型交流，指的是在明显的信息之下隐藏了另一种含义，外显的信息可能是被社会所接受的信息，但隐藏的信息更可能是内心本意；交流的结果是由心理层次的内容决定，而不是外显的社会层次信息。比如说，分手后的某个周末你发短信给他，对他说："你愿意帮我修一下电脑吗？因为我的电脑没办法用了。"这表面上是成人间的邀请，事实上传达出的真实意思是："我需要你的时候，你愿意回到我身边吗？"

但多数男人并不会理解这种暧昧型交流，所以当他来到你的住所，发现你的电脑根本没有坏时，他可能会生气，尤其是你多次这样做。男人对性挑逗本来是十分敏感的，但对他甩掉的女人却是个例外。这种方式容易引起误会和不必要的麻烦，使他认为你胡搅蛮缠。所以说，这种交流方式或许并不能帮助你调节情绪。

这种情绪调节方式还会激发两种有严重问题的生活态度："我不好—你好"和"我不好—你不好"。前一种是自我贬低的类型，是一种以自己为破坏对象的态度。这种生活态度的人面对主动分手者时会感到无助、抑郁，在极端的情况下会自杀。

后一种是共损型，这种类型的人被甩后会对自己没有信心，觉得活着没有意义，所以这类人被甩后可能杀人，也可能自杀。

最后是互补型交流

最能调节情绪的方法是互补型交流，这种交流形式是指你以某种状态发出邀请，他做出相同的响应。比如说，分手后你在电话中告诉他："因为某某（你和他的共同好友）要来了，我希望你也能过来和大家聚一聚。"这种情况下，他一般都会答应。这种情况下，你自然容易对他进行正面评价。这种交流之所以能让你感觉良好，是因为你能得到期待的回应。

如果你想要达到更好的心理调适效果，缓解分手带来的创伤和心理失调，你可以思考以下几个问题：

- ☐ 分手后，你想要得到什么？
- ☐ 你如何确认自己的需求？
- ☐ 你目前采取什么行为让自己得到安慰？
- ☐ 你目前的做法会为你现在想要的创造合理的机会吗？
- ☐ 你的这些做法能引导局势往你想要的方向走吗？
- ☐ 这些做法的后果是什么？
- ☐ 你的计划是什么？你能坚持执行计划吗？

Chapter 07 重新恋爱的注意事项

再出发，开始新恋情

文欣和她男朋友是大学同班同学。师范院校男生的比例本就偏低，在师范院校的学前教育专业，男生比大熊猫更稀有。她的男朋友是班上的三君子之一，全班二十多个同学，男生仅有可怜的三个，四人宿舍空着一张床，周末想打扑克牌都凑不齐人。文欣经过穷追猛打，最终将他揽入怀中。

三年之后，她的男朋友提出了分手。“我喜欢你，但总觉得缺少点什么。”男朋友对她说。

她坚决不肯分手。“为什么你不在一开始就告诉我？”文欣认为是眼看毕业了，男朋友想甩掉她，然后去中山大学攻读哲学研究生。

但男朋友想和她分手的真正原因，是他忘不了初恋女友。在寒假回家期间，他的初恋女友来找他，向他道歉，说当年她不应该因为和他不在同一个城市就要分手；现在马上就要毕业了，所以她希望能和他重新开始。

他告诉我，他当初答应做文欣的男朋友，部分原因是那时他被甩了，不但感情空虚，而且觉得自己没有价值，而文欣的追求，让他感觉自己受重视；加上两人天天一起去食堂吃饭，去图书馆自习，所以他也越来越喜欢文欣，最终他和她谈起了恋爱。

还能再爱吗

我有个大学好友经历了几次不成功的恋情。当他和读书期间的最后一任女朋友分手后，就一直为感情所困。这次分手是他提出来的，分手过程很平和很友好。

但女朋友对分手越是平和，他的内心就越受煎熬。他有道德洁癖，比如说，当他利用科研的业余时间和几个朋友完成了另一项研究而被导师指责是没有学术道德时，他愤而离开了待遇优厚的国家重点实验室。提出分手这种事，自然更让他有负罪感，因为他觉得自己对女朋友的伤害太大了。

我看他深受折磨，建议他寻找新目标，开始新恋情。他却认为自己不能再爱了。

“我发现感情这件事，不是你伤害我，就是我伤害你，所以我再也不会谈恋爱了。”

“你还能再爱。”我说，“她提出分手并不是你的错，因为你实在太优秀，她和你在一起，反而有很大的压力。她现在不是重新恋爱了吗？所以你并没有伤害她，说不定她以后可能经常会把男朋友拿来和你进行比较。”

半年后，他再次来到我家时，说他正在展开一段新恋情，女朋友是个整形科医生，是登山的爱好将原本没有任何交集的两个人联系在了一起。“我们彼此都很喜欢在一起的感觉。”

“如果你在上次分手后便不肯走出实验室，不去登山，会产生什么后果？”

“那我可能会越来越觉得自己不会再恋爱了。”他笑着说。但谁又说得准呢？因为关于自己感情的所有预测，都是不准确的，无论是相爱还是分手都一样。

又可以再爱了

文欣被男朋友甩掉后，很长时间都极度痛苦。我们院系的几位教授为她订制了一套失恋恢复方案，最终才把她从痛苦的深渊中拉上来。她也像其他被甩的人一样，自己越痛苦，就认为自己越爱男朋友。其实，这种逻辑是错误的，正确的逻辑是：因为你越爱他，所以失去他你就会越痛苦。而她的逻辑是：因为分手后我很痛苦，所以我是很爱男朋友的。

事实上，你失恋后心里痛苦，只是因为一时不适应没有人陪伴、没有人关心的生活，而不是因为你太爱他。

心理学家做过一项实验，证明了我们经常搞错爱情的因果关系。他们让一群雄性激素分泌旺盛的年轻男子走过一座危险的吊桥，对面有位漂亮的女孩会问他们的感受，并留下自己的电话号码。一段时间后，心理学家让他们评估自己对桥头女孩的喜欢程度，结果多数男人都很喜欢她。由于走过吊桥时心里发毛，浑身冒汗，整个过程就和遇到自己喜欢的人一样，所以当他们走过吊桥，看到有个漂亮女孩时，就误以为是自己喜欢她才浑身冒汗的。

文欣刚失恋时痛不欲生，多次想到自杀。她说自己太爱他，她痛苦得不想活了。三个月后，她走出了失恋的阴影。现在回想起来，她觉得当初对男朋友的感情并没有深到为他去死的程度。“我把自己的痛苦等同于对他的爱了。”她说，“我对他的感情谈不上有多深，根本不能和我现在的老公相比。”

她老公是她失恋后在由心理学院教授组织的同乡联谊会上认识的。两人都是被动分手者，并且都有自杀的倾向，所以他们有种同病相怜的感觉。当他们生平第一次从差点儿被吓死的过山车上下来时，她接受了他的表白。毕业后两人结了婚，今天仍非常恩爱。或许，她和她老公都把当时吓出汗的原因归结为是对彼此的爱意了。

接纳新恋情

走出分手的阴影，感觉又可以再爱，并不意味着就会完全接纳新恋情。这就像考生上考场一样：感觉都准备得差不多了，可以上考场了，但面对试卷时还是会觉得准备不够。

姑姑和姑父分手时表妹还不满一岁，如今表妹已经大学毕业了，但姑姑还是单身一人。姑父在分手后不到一年又结婚了。关于这次分手的原因，谁都说不清楚，因为自我辩护的本能，使得双方都把责任推到对方头上。或许是姑父的母亲重男轻女的原因（得知姑姑生了个女孩后，她的确要求姑姑必须再生一胎，因为不能断了姑父家的香火），也或许是我奶奶对姑父过度控制的原因（奶奶对姑父要求确实不少），最终姑姑和姑父分手了，她独自一人抚养表妹。姑姑分手后，奶奶联络了她在北京的老战友，她当然不希望自己的女儿从此一个人生活。有些候选人的条件非常好，但姑姑以“不想再结婚了，和女儿一起就够了。”为理由拒绝了，或者说她担心再婚后孩子过得不好。

被动分手者面对新恋情时，都有再次受到伤害的担心，所以不敢接纳。张柏芝在某次接受采访时表示，如果觉得对方不能托付终身，她就不会接纳，因为她不想两个儿子觉得有那么多“叔叔”。

被动分手者不敢接纳新恋情所给出的理由，绝对不会直接说出来：“我不敢再谈了，因为谈一次就被伤害一次。”因为这个理由不但说不服别人，也说不服自己。而以关爱孩子作为远离新恋情的理由则让人信服，同时又不会心理失调。

文欣之所以接纳她现在的老公，是因为他们有类似的经历，并且还是同乡，前者能激起她的认同感，后者让她有安全感。认同感和安全感正是接纳一个人的关键因素，而她老公也有同样的感受，所以他们的恋情发展成了美满的婚姻。

如果你被动和他分手后，不敢接受别人的爱，或者不敢再去追求爱情，那就应在这两方面下工夫。要激起你的认同感，不一定意味着你和他都得是被动分手者，任何可以将你和他归为一类的标签，都能激起你的认同感，比如你和他都爱看同一本书，爱吃同一种食物，经常坐同一趟地铁上下班，甚至上同一家网站看新闻，都有同样的效果。情侣装很受情侣们欢迎，就是因为它能激起恋人的认同感。

唤起安全感则要困难得多，这也是你被甩后不愿和陌生人相亲的原因。当你还未走出失恋的阴影时，在父母的逼迫下硬着头皮去相亲，路上碰到在中学阶段很少关注的同学，他向你表白，你也很可能接纳他，因为相对于即将见到的陌生人，他更能让你有安全感。

如何不让旧恋情影响新的恋情

吴小迪刚从失恋的打击中恢复过来，和她在同一城市上大学的高中同学就向她表白了，并且表示愿意毕业后和她一起去上海工作。她以前的男朋友也是同班同学，于是她拒绝了他，给出的理由是：“这样不好，因为我前男友也是你的同学，以后见面多难堪！”

但他的回答是：“这些年我没有谈恋爱，就是在等你，现在你们分手了也不给我一次机会吗？”

他是爱她的，后来他的爱征服了她，让她不再害怕处理和前男友的关系，所以两人大学毕业后就去了上海，并且进了同一家机构。现在他们早已结婚生子，吴小迪在写给我的邮件中说，如果当初她真的拒绝了现在的老公，或许将是她一生中最大的错误。

相对于吴小迪的犹豫，我的一个大学同班同学则要果断得多。大学最后一年，她和同班男友的恋情早已名存实亡了，只是谁也不肯捅破这层窗户纸。面对男友室友的追求，她并没有拒绝，因为她认为这才是她想要的恋人。

这份爱情因为男朋友担心被人认为是挖室友的墙脚而隐瞒了六年，直到有一天他打算追随女朋友的脚步、去德国柏林自由大学读心理学博士后、请我们在北京的同学吃饭时才说出来。

如何选择新恋人

王娜的初恋是在高考结束的当天开始的。他们是同学，男孩说再不表白，恐怕以后就没机会了。但他们的大学却不在一个城市，她考去了外地，而他留到了本地省城。

最初他们都觉得四年很快就会过去的。然而，这段恋情还不到一年，男朋友就在短信中提出了分手。就这样，她的初恋失败了。她暗下决心，再也不找前男友那样的男生做男朋友了，因为那种人完全不顾别人的感受。她对他毫无保留地献出了女孩最珍视的东西，而他却转眼就和其他女孩好上了。

在她失恋期间，有两位师兄向她表达了爱意。其中一位师兄是当初去车站接新生时接待她的人。他待人友好、热情，所以他们一直保持着联系。当时如果不是已经有男朋友了，她愿意做他的女朋友。然而现在她拒绝了他，因为他前不久甩掉了女朋友。“这种人其实就和我前男友一个德性！”

另一位师兄给她的印象则完全不同于前男友，他喜欢一个女孩，虽然对方不喜欢他，但他仍对她非常好。王娜觉得这才是自己要找的人，所以选择了他。

分手后重新出发的关键，是如何选择新恋人。你成为被动分手者后，总有一个人获得了机会，其实也是你的机会。因为你刚被甩，所以伤痛还记忆犹新。这时你可能会因为前任而形成新的选择标准：和前任越不同，就越符合你的口味。比如，萧红和性格男性化的萧军分手后，就选择了性格女性化的端木蕻良。只要你还记得受过的伤，这种倾向就会表现出来。男人则不同，男人的择偶标准很少发生变化，现任和前任往往有惊人的相似之处，或许他自己都没有注意到，因为这是一种无意识行为。

你的择偶标准发生逆转的原因，是你作为受害者只有贬低他才能得到心理安慰，所以你会变得远离前任那一类人。恋爱的候选人只要表现出类似于前任的行为，你就会去寻找更多的证据，以证实他实际上就和前任是一路货色。要找到符合你看法的证据非常容易，因为你我都有确认偏误，这是一种难以克服的思考盲点。一见钟情在很大程度上就是确认偏误的产物。但这种恋情通常并不稳固，因为这意味着你们是在用优点谈恋爱，而婚姻生活需要包容彼此的缺点。

当你以恋情受害者的身份迎接新恋情时，确认偏误尤其容易产生，所以你的选择依赖于对他的第一印象：和前任相似则拒绝，和前任完全不同则接纳。然而，他和前任不同并不意味着就比前任要好，并且你肯定也没有做好心理准备去适应一个性格完全异于前任的新恋人。多数人被甩后重新恋爱时，根本就没有思考过这个问题。

如何拒绝不喜欢的人

有个女孩给我写了一封长邮件，希望我帮助她拒绝一个不喜欢的男生。他们不是同班同学,但同时选修了《爱情心理学》这门选修课。其实，这门课主要是讲如何谈恋爱的，没有关于分手和拒绝方面的指导。如果不是有一天他向她告白，她甚至都不知道他。

“我们没有任何交集，没有聊过天，没有眼神交会。如果硬要说有交集，那就是每周一的晚上七点到九点坐在同一间教室听教授讲课。更重要的是，我刚刚从失恋的打击中缓过神来，不想在一个自己不喜欢的人身上浪费感情。”

她第一次拒绝了他，说自己不想交男朋友，但他还是不肯放弃。两周之后，虽然她没有和他有很多交流，但还是同意试着交往。她说这样做只是为了让他清醒地意识到他们是不可能的。三天后，她提出了分手，理由很多，也很直接，感觉他都快要哭了一样。

面对这种专情执着的追求者，多数女孩都会被感动。但这是很危险的，因为这其实可能是一种情感勒索，这种人有个奇怪的逻辑：“我对你那么好，那么真心地爱你，为什么你就不能爱我呢？”

拒绝的第一原则：拒绝需要，接纳想要

对于执着的追求者，我的建议是先思考下面这三个问题，然后再做决定，并且务必将答案写在纸上，而不是只在脑子里想一想。我把这三个问题称为拒绝的第一原则：拒绝需要，接纳想要。

Q1：你不想谈恋爱是因为什么？

Q2：你谈恋爱是想得到什么，是想得到别人的关爱，还是证明自己的价值，或是其他？

Q3：拒绝他你是不是心有不安，或是希望能找到一个温和的方式拒绝他？

这三个问题非常重要，它能帮助你弄清楚目前你的内心状况，是想要恋爱，还是需要恋爱。很多人认为这两者之间并没有什么差别，但从

心理学家马斯洛的需要层次理论上讲，想要和需要有本质上的差异：通常情况下，想要是在需要得到满足之后才会追求的，而需要是最基本的需求，比如，所谓的“饥不择食，寒不择衣，贫不择妻”就是需要。你被甩后最可能急切需要一个新恋人，然后就想要获得一份爱情。这就像饥饿的贫民只想得到吃的，而富裕的人只对美食感兴趣一样。

如果你对于第一个问题的答案就像上面那个女孩一样，没别的原因，就是不想要男朋友，因为还有很多事要做，那说明你并没有走出被甩的阴影。因为很少有人不想获得美好的爱情。你之所以这样说，或许你的确不喜欢他，也或许是你担心再次受到伤害。

你只有写出不谈恋爱的具体原因，并且这些原因不能只说服自己，也要多数人都相信，那才能帮助你弄清楚目前你真的需要什么，以及想要什么。

第二个问题的主要作用是帮助你避免后悔偏误。被甩后不仅想要得到关爱，有时还会为了证明自身价值而接受不喜欢的人。只有想清楚了这个问题，你才能理智地决定要不要拒绝眼前这个人。

第三个问题则可有效帮助你摆脱追求者的情感勒索。如果你只是因为找不到好的拒绝方式，或是觉得拒绝一个这么爱你的人不应该而接受他，那你和他的恋情很可能麻烦不断，因为他知道能用情感勒索控制你。

如果你已经想好了这三个问题，并且打算拒绝他，那么你要态度坚定地说不，而且意思要明确。模棱两可的表达会让他产生幻想。比如说，在他约你出去时你不可推说改天，因为他也有确认偏误的思考盲点，你的这个拒绝理由会让他以为你在犹豫或是的确没时间。

最重要的一点是，拒绝他的告白之后，不要再接受他的好处。当你告诉他你不喜欢他，他可能说“你不爱我是你的自由，但我有爱你的权利”，并处处对你示好，时时给你送礼物。接受他的好处，会让你在拒绝他时产生内疚感。因为我们天生就有回馈别人的意识，所以不会无缘无故接受别人的好处。

这种情况下，你要态度坚决地告诉他，他这样做会让你很难受。这不是对他残忍，而是你们必须要划清界限。

拒绝的第二原则：拒绝多次甩过你的前任

前任是很有吸引力的，尤其是曾经付出真情却被甩掉的女孩，当前任又回头时，容易不顾一切地复合。比如，当安娜·卡列尼娜伤心地离开莫斯科，但她的男朋友随后追到彼得堡，她便抛弃了老公和男朋友私奔。

但是这种恋人也很危险。或许他第一次甩掉你后还会心理失调，感到内疚，第二次甩掉你后稍有不安，但他第三次甩了你会心安理得，因为这时他会觉得你就该甩。私奔的安娜怀上了情人的孩子，但结婚无望，最后情人开始讨厌她，绝望的安娜只好卧轨自杀。

多次甩过你的前任又回头来找你，说他希望和你复合，通常他不是想要和你续写浪漫的爱情故事，而是需要从你身上得到什么，比如安慰、性爱，甚至可能是钱财。有个女孩很烦恼和犹豫，她被初恋男友甩了快十年了,但最近他分手了,声称要回来娶她。这可是她一直盼望的结局。“他一定是希望和我在一起，才和现在的女朋友分手的。”她说。

“如果他分手的原因只是和女朋友合不来呢？”我说，“你考虑过这种情况吗？”

“那他和女朋友合不来，也是因为他心里一直还有我。”

“如果其实是他女朋友甩了他，他无处安身，心灵无处寄托，才又想回到你身边呢？”

“不可能，他各方面条件都那么好，以往都是他甩女孩，没有女孩会甩他的。”她完全陷入了确认偏误的思维泥潭。

“我想说的是，在你和男朋友分手之前，考虑一下万一他不是想要和你在一起，而是暂时需要一个人来陪，最后又离开你，你该怎么办？毕竟你们分分合合已经很多次了，每次都是他主动提出分手。”

她放弃了复合的念头。一年之后她再次打电话告诉我：“你说得很对。当我拒绝他后，他就和他的另一个前女友住在了一起，不过很快两人又分手了，因为他心里放不下现在的女朋友。”

多次甩过你的前任，突然有一天打电话给你，说他分手了，想要和你在一起，那多半不是说他会陪你一辈子，而是他需要你陪他一阵子，等他恢复过来之后，就会毫不犹豫地再次甩掉你。对他来说，既然以前都甩过你那么多次了，现在再多甩一次又有什么不妥呢？

如何避免过去的恋情影响新恋情

有个女孩写邮件给我，说她初恋失败后就没有顺利谈过一次恋爱，每次不是她提出分手，就是对方要离开她。她说不知道好男人都死哪儿去了。我注意到她的要求非常有意思：“其实我的要求并不高，只要和初恋男友差不多就行了。”

看到这里，估计思想敏锐的你已经知道她新恋情进展不顺利的根源了：她总是拿现任男友和初恋男友比较。

但这种比较是非常不公平的，因为她不记得初恋男友的缺点，而无视现任男友的优点，这就像田忌赛马一样，现任男友是不可能赢得比赛的。

心理学研究发现，初恋越美好的人，以后的感情越不顺利，原因就是有着美好回忆的初恋情人已经成为衡量现实生活中新恋人的尺子。这就是对比效应偏误。

我们都有对比的习惯，因为我们很少有绝对概念，基本上都是相对概念。所以很多人都会无意识地拿现任跟前任进行比较。

有个女孩向我诉苦，男朋友经常打她，她每次被打后就想打电话给前男友。但他已经结婚了，她不能经常打扰他的生活。她非常后悔当初听从家里人的意见，甩了初恋男友。

“他真是个好人，就像天使一样善良，我不知道当初我怎么会听从家人的要求，非要逼他在我所在的城市买套三室一厅的房子才和他在一起？其实我也知道这是我爸妈逼他走的手段，他刚大学毕业，父母又是在家种地的农民，怎么可能有钱买房子？我恨我自己造成了今天这个下场。”

而她的男朋友则有一套完全不同的说法。“她稍有不顺心，就说答应做我的女朋友是因为当初瞎了眼，和她的前男友相比，我连屁都不是。有时我生气了就说，‘那你去找他啊，像你爸妈那么势利的人，现在也能接受他了吧，因为他现在自己是老板，开了好几家公司。’她听到这话就暴跳如雷，攻击我的母亲，这不是欠揍吗？其实我也不想打她，仅仅是鄙视我，这口气我还能忍，但她经常搬出前男友来打击我，这我绝对不能忍受。”

结果，对比效应终结了这段恋情。经历了不断的打击后，她开始觉得其实当初的男朋友也还不错，所以她提出复合，但已经回不去了。她说：“离开你之后，才发现原来还是你对我好。”

对方一听她这是想复合，于是马上拒绝她：“我可不想成天被你拿来和前男友比较。”她说自己早已不拿前任来比较了。对方一阵冷笑：“不比较，你怎么知道那些男人不如我对你好？我明确告诉你，我受够了！”

她又给我打电话求助，我问她找到新恋情总是受挫的根源没有。她的回答让我吃惊：“当年我甩掉了最爱的人，这是上天对我的惩罚。所以我遇到的男人才会一个比一个差。”

“你有没有尝试不拿前任进行比较，纯粹地谈一次恋爱？”

“什么叫纯粹地谈恋爱？”

“就是对他无所求，不希望从他那里得到什么，只要你和他都开心就好。因为你一旦对他怀有期待，就会不自觉地拿他和前男友进行比较。

你对初恋男友印象美好，因为那时你们是纯粹的爱情。正是因为如此，初恋才令人回味。”

后来，她再次给我打电话，邀请我去她家做客。“我和我的先生都希望你来我们家坐坐。”她在电话中说，“你说得对，那次电话之后，我回去观察了初恋男友的生活，他竟然也冲他老婆大吼，和他的秘书有些不清不白。所以我觉得我先生比他强多了。”

摆脱了前任的阴影，就拥有了新的生活。

Chapter 08

如何处理
前女 / 男友的关系

处理好你们的前任关系

新恋情开始之后，你需要处理好前任问题。这不单指你的前任，也包括他的前任。

燕子和新男友交往前约法三章，彼此不干涉对方与前任的关系。两人关系渐入佳境，但这时她收到了前男友寄来的结婚请柬。她打电话给我，让我给她出个主意。“其实你是想去的，”我说，“否则你就不会打电话给我了。表面上你是想得到我的建议,实际上是想得到我的认同和支持。但我的建议是，这种事你最好是问你的男朋友。”

“没事的，我们有协议的，互不干涉对方与前任的关系。再说了，他肯定会把决定权踢回来，让我自己拿主意。”

“但我得提醒你，如果你不和他商量，就决定去参加前男友的婚礼，以后可能因此产生一些矛盾。对待爱情，男人没有你想的那么宽宏大量。男人的独占欲很强，甚至强到不能共有一个情妇，更别说自己的女人了。”

她没有征求男朋友的意见，独自去了前男友的婚礼现场。同桌都是前男友的好朋友，其中一个说，如果当年她不提出分手，今天站在新娘位置的人就是她。

这是她当年的梦想，所以这话勾起了她的心事。当前男友向他老婆介绍她时，他想了一下，说她是以前认识的朋友，她则难堪地冲着新娘笑了笑。这时旁边一个人的手机响了起来，铃声竟然是《可惜不是你》。

她太伤感了，所以借故家里还有事先走了。回到家里，以为男朋友会给她一个安慰的拥抱。但男朋友坐在电脑前看美剧，她进门后他连头也没回，只说了一句："回来了。"她知道这是他冷落自己的信号。

她正在气头上，所以回敬他："整天就知道看电视剧。"

"不看电视干什么，难道背着你去找前女友？"

结果两人大吵起来，她哭着收拾自己的东西，闹到要分手的地步。如果不是正巧我和几个朋友去玩，他们的关系可能就此结束了。

莫让他误会你和前任的关系

或许你和前男友分手以后还是朋友，所以认为和他交往是正常的。但你的现任恋人可不这么看，他会觉得，不想锅巴吃，就别在锅边转。在他看来，你和前任联系频繁，说明你们还藕断丝连。

有个女孩说，她本来和前男友都分手五六年了没联系过，忽然有一天，他加了她的QQ，两人聊了起来。他们当时是迫不得已才分手的，所以刚搭上线后彼此都很怀念。

她担心男朋友看到这些聊天记录，会以为她旧情复燃，于是把所有的聊天记录都删除了，以后每次聊完天她都删掉记录。没想到，有一天在她洗澡时手机上的QQ不断有信息传来，所以她男朋友拿起来看。她洗澡出来时他说："有个叫'曾经的爱人'给你发了一堆信息。"她解释说是刚加的网友，但他却说："看语气他和你熟悉得比我还了解你！"

她承认是自己的错，因为她担心他误会，所以隐瞒了她私下和前男友聊天的事情，请他原谅，并保证以后不会再对他有所隐瞒了。男朋友说："其实我也和前女友聊过，也是怕你误会，所以每次都删掉聊天记录。我也请你原谅。"

如果他也私下和前任联系过，可能容易理解你的做法。但如果他自己没有这么做过，并且生性敏感，那你这样做就可能引起误会。

田婧是个性格开朗的女孩，她现在的男朋友性格内向。性格内向的人通常自尊心强，生性敏感、待人诚实，但也容不得别人欺骗。她有一任前男友分手了，打电话给她，说不指望能和她从头再来，只希望能看她一眼。她答应了他的请求，两人约在一个咖啡厅见面。

本来没事，但几天后，她男朋友的一个朋友无意中说起曾看到她和一位男士在咖啡厅。因此男朋友问她那个男人是谁，她说是前男友，现在只是普通朋友而已。他虽然不再追问，但心里已经产生了怀疑。所以他经常翻看她的手机，查看聊天记录，下班后没按时到家，他就会打电话"查岗"。她终于受不了了，提出要给她私人空间。

"我看我们还是分手吧。"男朋友回答，"那样你的私人空间更大。"她已在微博中公布了婚礼的日期和地址，所以她问他为什么要分手。

"为什么要分手？这得问你自己。"最后他说出了真正原因：他受不了她和前男友私下见面。

她想说："但我们只是正常交往，什么事也没做。"她马上意识到这听上去像是为自己辩护，于是换了个说法："对不起，我没考虑到你的感受，这是我的错。"

她是幸运的，因为她的男朋友肯说出真正的原因，而她没为自己辩护，所以他们如期举行了婚礼。但很多时候你和前任交往，你的恋人很生气，但不会说出真正原因。他这样做的主要原因还是在你身上，因为通常是你喜欢自我辩护，才导致了他对交流没有信心。

所以，为了避免他产生误会，你最好不要频繁和前任联系，尤其不要和前任独处。如果必须和前任见面，带上你的恋人一起前往是个不错的办法。让他了解你的前任，最好是让他们见个面，因为你的前任越神秘，他就越放心不下。怀疑会摧毁一切，而带有妒忌的怀疑对恋情更是致命的。

处理好他的前任

有个女孩在网上发帖求助，说她不知道怎么回事，每天都会跑到男朋友前任的QQ空间去看看，并且只要上网就会去浏览她的微博。“我总是疯狂地想知道关于她的一切。”

其实，这是她对男朋友不放心的表现。只要完全相信他是爱你的，你就不会去关注他的前任。如果你对这一点没有把握，会觉得他的前任就像颗定时炸弹，所以一般都不许他靠近她。她的电脑上不了网，所以半夜了还打电话给他；她的下水道堵了，所以打电话要他过去一趟；她的猫丢了，打电话要他去找……这些事其实他也非常不愿做，但有时又不得不做，因为男人通常只会骗现任，不太会对前任说谎。他对你说谎，是因为他怕失去你，怕伤害你，他还想维持爱情。

遇到这种极品前任，你可以和他共同商量对策，比如由你来接电话，由你来向她撒谎。只要你提出来，他多半都愿意你这样做的。

他的前任可能会在某个时候对他说，你把他管得太紧，手机都被你控制，没给他留出私人空间，他没有男人的气概。他不会计较前面的话，但可能会把最后一句放在心上。所以，你和他商量应对前任的要求时，要特别声明这一点。你只需做到只接他前任的电话，其他电话都由他自己掌控，他就不会觉得你在控制他。

如果他私下和前任有联络，这时正面思考很有好处。因为进化所形成的危机意识，当他的前任又找上他时，你会觉得是个威胁，所以马上绷紧神经，自动进入防御模式：他是想重温旧梦，所以才背着我。

如果你放松神经，引导自己启动正面思考：前任联系他，而他不想让我知道，是因为他担心我误会，怕我受伤。这样一想，你就会释怀许多。

你可能会担心，我是想相信他，但我不敢相信他的前任啊，现在前任吃回头草的那么多，我不得不防。

其实你的担心是多余的，一方面，有八成的男人不会和前任复合，另一方面，如果他铁了心要离开你去找前任，那你提防他的前任也是没有用的。恋情就像鸡蛋，没缝不招苍蝇，所以你要花精力维护你和他的恋情，而不是整天防着他的前任。

他和前任有联系是正常的，因为一半以上的男人都和前任有联系。即使当初被甩的人是他，他也会留着她的电话号码，也不会把她的 QQ 号码拉进黑名单。他甚至可能还留着她的照片，但如果你不提起，可能他都想不起了。

只要他不主动联系前任，你就不用担心他的前任。如果他经常主动和她联系，说明你们的感情出了问题，他需要从前任那里得到满足。这时你更应该反思自己什么地方没做好，而不是怪他的前任太风骚。

有一天晚上，住在我楼上的女孩和她男朋友大吵，摔东西，然后是大哭大叫。我们以为是家庭暴力，所以有好心的邻居打电话报警。很快，吵架的原因真相大白：这对情侣没有处理好前任问题。她说男朋友在她流产期间出轨，对象竟然是他的前女友。她的男朋友坚决否认，说他和前女友只是吃几顿饭而已。“她刚失恋了，所以我过去陪陪她，安慰一下而已。她却说我前女友风骚，把我的魂都勾走了。”

他们的感情出了些状况，他希望农村老家的母亲能来和自己住一起，而她不愿意，所以一想起老家的母亲，他就会想起前女友，进而和现在的女朋友进行对比。比如至今他的前女友都还记得在重要的日子给他母亲打电话，而她却半年都不会主动给他母亲打一次。这些对比让他很沮丧，怀疑这段感情的价值，最终对维持感情越来越没有信心。

当她问我怎么才能挽救爱情时，我给她的建议是，满足男朋友的要求，因为他是个负责任的男人，不想母亲再受苦，也不想你受伤，所以他和你一起很痛苦。如果不能改变这种现状，他离开你是必然的。“你指责他不理解你时，想想自己有多理解他。或许他曾是一家人改变命运的希望，但最后的现实却是连自己的母亲都无法照顾。”

“我感觉这是他在勒索我。”

“这不是勒索，他的心或许没有向前女友靠拢，但无疑在疏远你了。”

“我担心自己真的不习惯和未来的婆婆住一起。”

“这是你理解他的最好方式，尝试去接受有她的生活。也是你让他摆脱对前任依恋的有效方式。”

后来她下楼来告诉我，其实和老人住一起，自己还省了买菜做饭，多数家务都是婆婆在她上班时就完成了。最重要的是，她的男朋友对她的态度有了很大的转变，也不再给前女友打电话了。所以，当婆婆说在城里住不习惯，要回老家时，她极力挽留。

处理前任的三个原则

志玲和男朋友在恋爱前就有一个协议：不能在对方面前提到前任。这个建议是她提出来的，她的男朋友双手赞成，因为他和她一样，上次分手也是由于恋人总在自己面前提到前任。

志玲的前男友情史丰富。恋爱初期，她很想打听他那些前女友的情况，所以当他大谈前女友时她并不反感。但慢慢地，只要他一提起他的那些风流韵事，她就觉得难受。

而她现在的男朋友也一样，他和前任分手的导火线，是某次享受鱼水之欢后，他的女朋友说他越来越不行了，比她以前的所有男朋友都差。他知道她风流成性，但他爱慕她的漂亮，所以两人谈起恋爱。不过他没想到女朋友竟然会拿前男友和他比较床上功夫。两人大吵一架后，他提出了分手，而后遇到了现在的女朋友志玲。

处理前任的原则（1）：不拿前任对比现任

如果你和前任是友好分手，那么你对前任的印象多半是好的。心理学家发现一个有趣的现象：恋爱就像旅游，只有在回忆时才更美好。又因为自利偏误的存在，所以你不可避免地对现任有些不满。前任明显“好”，进一步反衬出现任“不好”，所以对比会让你对现任更不满意。

拿前任和现任进行比较，除了会加剧你对现任的负面态度，还会激起他的强硬反弹。梅子是个完美主义者，而她的男朋友做事很快，但不够精细。比如他能很快打扫完屋子，但可能会碰掉花瓶。只要他一犯错，她就指责他毛手毛脚。有一次，她说他要是有她前男友那么细心就好了。

她这话一出口，马上就引起了男朋友的强烈不满，原本打算度过浪漫的周末也无望了。“既然他那么好，你回去找他啊？”她的男朋友压制不住心中的怒火。她的前男友就像一块大石头压在他的胸上，使他喘不过气来，因为他的表现稍不如意，她就会拿前男友来和他进行对比。

当你对他不满而怀念前任时，请立即转换思维频道，试着思考这个问题：既然前任那么好，当初我为什么要甩掉他？如果当初分手是前任提出的，你可以这样想：我怀念他，只是因为我得不到他，而不是因为他有多么好。这两种想法能使你心理失调。只有在心理失调状态下，你才会主动去改变对现任的态度。

处理前任的原则（2）：不自我辩护

梅子和男朋友的争执陡然升级，是因为她连续犯了两个错误：首先是没有遵守处理前任的第一个原则：不拿前任和现任进行对比；第二个错误是遭到男朋友的强烈抗议后，她开始为自己辩护。“我这是为你好。如果你没有这些臭毛病，我会提到他吗？再说了，我这样说，只是为了帮助你纠正这些坏习惯。”

自我辩护是每个人都有的习惯，因为我们都不想承担后果。要想推脱责任，唯一的办法，就是说明出现这样的后果错不在我。梅子说男朋友不细心才提前男友的，男朋友则说她经常用前男友来贬低他，所以他才叫她回去找前男友的。两人都不认为是自己的错。

用冷战度过漫长的周末后，周一上午她给男朋友发去短信，说感觉他们不合适，还是分手比较好。她的本意是想以此让男朋友结束冷战，没想到男朋友却回复她说那就分手吧，他很快就会找房搬走的。

梅子在电话中问我：“我做错了吗？我对他那么好，他竟然想着要离开我？难道是因为他的心里容不下我的前男友。要知道那已经是历史了。”

“既然当初他接受你，说明他并不在意你有过男朋友。他决定分手的原因，是你们互不道歉所引发的自我辩护。我们寻找一个恋人，不是为了证明自己比他强，而是因为我们爱他。为了爱，你会妥协一步，承认其中也有自己的错吗？”

“只要能挽回他，我愿意付出一切。”梅子带着哭腔说。

“你不需要付出一切，你只要放弃自我辩护就行。如果你做不到这一点，每个男人最后都会离开你。”

处理前任的原则（3）：切莫强制不去想“白熊”

先知亚伯拉罕有个和他关系非常亲密的侄子叫罗得，因为罗得宁愿把还是处女的两个女儿交给城里的坏人，也不愿把天使交到坏人手中，所以上帝在摧毁这座“罪恶之城”前，派天使通知他带领亲人赶紧逃走，不可回头看。他的妻子因为好奇不许回头看的命令，所以忍不住回头看了一眼，结果就变成了一根盐柱。

这则《圣经》故事包含了一个心理学现象：越是禁止的，我们越禁止不住。心理学家把这种现象叫作白熊效应。对此，有两位心理学家做过一项经典的实验。他们先让实验参与者看一段有白熊的视频，然后将他们随机分成三组，要求他们在接下来的五分钟内只要想到白熊就按下手边的铃。

第一组

首先：想什么都可以，就是不要想白熊
接下来五分钟：请想白熊

第二组

首先：除了白熊，什么都不要想
接下来五分钟：不要想到白熊

第三组

首先：想到白熊时请想红色的大众牌甲壳虫汽车
接下来五分钟：请想白熊

结果出乎意料，禁止想白熊的第一组实验参与者，得到允许可以想白熊时，想到的次数是第二组的两倍。因为他们的思想被压制了，所以在接下来的表达阶段他们表现出反弹现象。而第三组因为有了替代的方案，所以在表达阶段减少了反弹的效果。这就是你越想压抑某个想法、该想法反而越容易出现的根源。

这项实验表明，如果你越是刻意压制自己不去想你的前任或他的前任，你就越容易想到他们。如果你不压制自己的想法，或是你有替代的思考，那你就不会经常想到你或他的前任。

你只有放弃控制内心的想法，才能更好地控制外在行为。这是因为你在思考控制时有两个心理过程：有意识控制和无意识监控。前者是意识层面的，需要认知处理资源，后者是自动化的，不需要认知处理资源。在低压力情境下，你的认知资源充足，所以你能有意识地控制前任不要出现在脑海中，但此时你仍无意识地监控前任。当你的压力增加时，你需要挪用一些认知资源去处理压力事件，这使得“控制前任想法出现”的认知资源减少，所以你或他的前任就自动从你的脑子里冒出来了。

处理前任的艺术

如果谈恋爱是一门技术，那么处理前任则算得上是一门艺术。处理前任问题比谈恋爱要难得多：谈恋爱只需处理你和他两个人的问题，处理前任则至少要处理三个人（多数情况是四个人）甚至无数人的问题，并且，要想处理好这个问题，你不但需要有技术，还需要有创意。首先要处理好你的前任。

错误地对待你的前任

如果当初是你甩了前任，那么你很可能有控制的错觉——这是一种非常普遍的思考盲点。多次成功甩掉前任恋人，会使你觉得自己能控制感情的发展，这就像球员连续命中后，会觉得自己能控制下次投篮一样。

控制的错觉会让你觉得自己能处理好前任的关系，使你忘了爱情往往不受人控制这一事实。张婕是我从前的同事，也是我所在部门的主管。

她和前男友分手后，邀上几个“驴友”结伴而行去了四姑娘山，因为她知道旅行是很好的疗伤方式。在途中，她邂逅了现在的男朋友。她和他相互并不了解，但相互欣赏，所以很快就相爱了。等她从四姑娘山回来后，前男友就找上门来希望复合。

她本可以如实告诉他，她已经有男朋友了，以减少前男友的纠缠，但她觉得自己能控制局面；在公司她管着四十多号人。当前男友诚邀她去海洋馆看海豚表演时，她并不推辞；从海洋馆回来不久，她回请他看了一部正在上映的好莱坞大片。她的理由是，她和他分手时说好了还是朋友，所以答应他的邀请去海洋馆，而回请他看电影，是为了不欠他。

但她的前男友可不这么看。他把这两件事看作她回心转意的迹象。当他满怀期望向她再次请求复合时，她却给了他否定答案。她仍不告诉他真相，只说她觉得他俩不适合谈恋爱，只能做好朋友。

有一天，她和男朋友刚从商场出来，前男友从后面快步赶上来，一把揪住她男朋友的衣领一顿暴打，嘴里还不停地骂。她男朋友不清楚状况，以为她并没有分手，自己不过是她的玩物，所以冲她怒目而视后掉头就走。无论她怎么解释，两个男人都不肯原谅她。前男友说她明明已经分手，却给他幻想，玩弄他的感情；现任男友说她脚踏两只船，既然都分手了，还跟人家逛什么公园，看什么电影？

她对感情的状况完全失控了，后悔当初没有直接告诉前男友事实。不过，经历这次打击之后，她明白了管好自己比管好别人要难得多，她并没有控制恋情发展的能力。

分手了就要少接触

友好分手的人通常有这样一种错觉：既然分手后还是朋友，那么就应该有正常交往。所以并不排斥和前任继续交往。

这种交往其实对现在的恋情是非常危险的。虽然你和他已经分手了，但你仍认为他是你的好朋友，说明你的心里并不十分反感他。这种情况下的交往，会产生一个有趣的心理现象：多看效应。前面也说过，它是指只要你不讨厌某人，你们接触越多，你就越喜欢他。

有位心理学家先向一些大学生展示照片，有的照片展示了二十多次，有的展示了十来次，有的只展示了一两次，然后请这些大学生评价自己对照片的喜爱程度。结果，展示次数越多的照片越受人喜欢。这说明，看的次数越多，喜欢的程度就越深。

你和他分手后仍经常交往，不但你会觉得他好，他也会更加喜欢你。前者会使你时常无意识地拿他和现任进行比较，这将严重影响你对现任的正面评价。后者可能使他对你纠缠不放，因为他越喜欢你，就越依恋你。

所以，减少和前任的接触是种明智的做法。你很善良，当他在电话中说自己没有可交心的朋友，所以想请你吃顿饭、聊聊天时你很为难，但你要想办法找个合理的理由拒绝他，因为这其实是他在对你进行情感勒索。

经常和你的前任接触，还会给你的现任带来极大的困扰。

有个男孩在网上发帖求助，说他的女朋友一直在和交往多年的前男友联系。开始时他也觉得这很正常，毕竟他自己分手后和前女友也是朋友。但慢慢地他发现，她开始经常在他面前说起前男友的好。于是他让她不要经常去找前男友了。她说她对前男友没感觉，只是家人的感觉而已。听到这话，他的心里不但没有感到安慰，反而是一阵酸楚。他说自己真的很爱她，但现在已到忍受的极限了。他好想和她说说不要再去见前男友了，可是担心这样他们又会吵起来——他们以前经常因她的前男友问题争吵。

后来他实在受够了，所以告诉她，如果她再和前男友交往，那他们就分手。她以为是开玩笑的，说他不应吃历史的醋，并说他接受她，就得接受她的全部，自然也包括她的历史。他非常认真地告诉她，这就是他的真实想法时，她意识到事态的严重性，所以果断和前男友断了联系。

“她向我道歉了，说以前没有顾及我的感受，并保证不再和前男友见面了。”他写道，“所以现在我感觉很好。我也向她道歉，说我因为太爱她，所以担心失去她，以后不会干涉她交朋友。”因为女朋友经常见前男友，差点儿导致感情破裂，在双方各让一步后，他们又继续相爱了。

友好地对待他的前任

他的前任，通常会被你视为情敌，因为你认为他们虽然已成为历史，但历史经常重演。所以你时常对他的前任持有防御之心。我们的防御机制是用于应对危险状况的，因此一旦你把他的前任视为情敌，就不可能友好地对待。

敌视他的前任可能会给你带来麻烦，首先是你会遭到报复。情敌的报复除了仇恨，还有妒忌，所以报复心非常强烈，有时为了报复甚至不择手段。所以，恨他的前任，其实是你给自己树敌。

敌视他的前任可能造成的第二个麻烦是，他会认为你这是在否定他的价值。为了让自己觉得敌视情敌是正当的，你必须先找到一个理由，以避免心理失调。当我们想迫害一个人时，总是先贬低他；或是别人迫害我们时，也会先极力贬低我们。同样的道理，这时你会采用多数人都会使用的手段：极力贬低他的前任。

然而，他不是没有感情的动物，前任也是他曾经爱过的人，所以你贬低他的前任时，他的心里并不好受。有个女孩向我诉苦，她男朋友的前女友是个极品。那个女人花着她男朋友（当时是极品女人的男朋友）的钱，住着男朋友的房，但肚子里却怀着其他男人的娃，最后当他的钱花光了，她便甩了他。“是我把他从痛苦的深渊中拯救了出来。但当我为他出气，骂他前女友是个贱货时，他非但不领我的情，还指责我，说那是他自己的事，让我不要多管闲事。我们都到了谈婚论嫁的程度了，他却说那是他自己的事！”

我告诉她，他不想你贬低他的前女友，是因为他爱过她，并且被她甩了。他会无意识地想：“她是那么没有价值的人，但连她这样的人也不愿和我一起，足见我是多么的没有价值。”所以，当你贬低他的前任时，他也会心理失调，尤其是他们当初爱得越深，他的失调程度就越严重，结果自然是对你越反感。

寻求他前任的帮助

寻求他前任的帮助，是个大胆而有创意的想法，并且效果惊人。寻求帮助能增加好感，是因为我们一旦帮助了某人，对某人付出了心血，就会产生禀赋效应，如果伤害他，就会认知失调。还记得上帝对亚当夫妇的警告吗？上帝说了，园中树上的果子，你们可以吃；唯有园当中那棵树上的果子，不可吃，也不可摸，免得你们死。结果如何呢？正如蛇所说的那样，吃了不一定死。上帝放过亚当和夏娃，是因为他们是他精心制作的。对他们付出了大量的感情，使他舍不得处死他们。

寻求对手的帮助能换回支持，还有一则更有趣的故事。本杰明·富兰克林担任宾夕法尼亚州议员期间，有位立法委员会的同事对他不满，经常和他唱反调。他并没有去讨好对方,而是从他那里借了一本稀有的图书。富兰克林一周后把书归还给他，并附上一张便条以表示他对自己的帮助很大。当他再次见到富兰克林时，主动并且非常有礼貌地和他谈了起来。以后无论在什么场合他都坚决支持富兰克林。

如果你还对向他的前任寻求帮助的效果感到怀疑，下面这则故事足以让你相信，向帮助过你的人求助，是错不了的。

1942年，希特勒下令搜捕德国境内所有的犹太人，犹太人贾迪·波德默召集全家商讨对策。他的大儿子艾森·波德默和小儿子都认为应该向银行家金·奥尼尔求助，因为他曾多次表示，有什么需要帮助的尽管找他。波德默家族是欧洲有名的木材供应商。金·奥尼尔是一家银行的小股东，为了支持他，几十年来波德默家族的钱一直存入他的银行。现在恩人遭到了灭顶之灾，他怎么会袖手旁观呢？

但贾迪却认为应该向拉尔夫·本内特求助，他也是木材商人，以前贾迪一家就在他手下打工，并且是在他的资助下他们才有了今天的家业。

第二天，艾森和弟弟分别去寻求父亲这两个朋友的帮助：艾森去了木材商人家，而他的弟弟去找银行家。结果，由于银行家告密，贾迪全家死于奥斯维辛集中营，只有艾森在木材商人的帮助下偷渡到日本，而后定居美国。他在回忆录的封底写着："许多人认为，要赢得他人的忠诚，最好的办法是给其恩惠。其实这是对人性的误解。现实中真正对你忠诚的，都是曾经给过你恩惠的人。"

这几则故事对我们的启示是，想要赢得他前任的支持，你应该努力向其寻求帮助，她对你的帮助越大，就越爱护你，这样自然也不愿来破坏你和他的感情。如果她以前帮助过你，而后伤害你，那么她就会心理失调；为了让自己好受，所以她愿意继续帮助你，而这正是你需要的。

部分参考文献

Bargh, J. A., Chen, M., & Burrows, L.(1996). Automaticity of social behavior：Direct effects of trait construct and stereotype priming on action. Journal of Personality and Social Psychology, 71, 230-244.

Bianca Acevedo & Arthur Aron.(2009). Does a Long-Term Relationship Kill Romantic Love？ Review of general psychology, 13, 59-65.

Brian Knutson.(2004). Sweet Revenge？ Science, 305, 1246-1247.

Edward E Jones & Victor A Harris.(1967).The Attribution of Attitudes. Journal of Experimental Social Psychology,3,1-24.

Gilovich, T., Medvec, V.H., & Savitsky, K.(2000). The spotlight effect in social judgment：An egocentric bias in estimates of the salience of one's own actions and appearance. Journal of Personality and Social Psychology, 78, 211-222.

Gilovich, T., Vallone, R., & Tversky, A.(1985).The hot hand in basketball：On the misperception of random sequences. Cognitive Psychology,17,295-314.

Langer, Ellen J.(1975). The Illusion of Control. Journal of Personality and Social Psychology,32,311-328.

Philip Houston et al.(2012). Spy the Lie：Former CIA Officers Show You How to Detect When Someone is Lying. St Martin's Press.

Spranca, M., Minsk, E., & Baron, J.(1991). Omission and commission in judgment and choice. Journal of Experimental Social Psychology,27,76-105.

Thompson, Suzanne C.(1999). Illusions of Control：How We Overestimate Our Personal Influence. Current Directions in Psychological Science,8,187-190.

（德）多贝里著，朱刘华译 .（2013）. 清醒思考的艺术：你最好让别人去犯的 52 种思维错误 . 中信出版社 .
刘腾飞，徐富明等 .（2010）. 安于现状偏误的心理机制、影响因素及应用启示 . 心理科学进展，18，1636-1643.
刘腾飞，徐富明等 .（2010）. 禀赋效应的心理机制及其影响因素 . 心理科学进展，18，646-654.
（美）Jerry M. Burger 著，陈会昌等译 .（2014）. 人格心理学 . 中国轻工业出版社 .
（美）阿伦森著，侯玉波等译 .（2014）. 社会心理学 . 机械工业出版社 .
（美）艾扬格著，林雅婷译 .（2011）. 选择的艺术：为什么我选的不是我要的？中信出版社 .
（美）格里格，津巴多著，王垒等译 .（2003）. 心理学与生活 . 人民邮电出版社 .
（美）卡尼曼著，胡晓姣等译 .（2012）. 思考，快与慢 . 中信出版社 .
（美）罗杰斯等著，李孟潮等译 .（2013）. 当事人中心治疗：实践、运用和理论 . 中国人民大学出版社 .
（美）迈尔斯著，张智勇等译 .（2006）. 社会心理学 . 人民邮电出版社 .
（美）西奥迪尼著，闾佳译 .（2010）. 影响力 . 万卷出版公司 .
（美）谢弗著，陈会昌等译 .（2014）. 社会性与人格发展 . 人民邮电出版社 .
王莉 .（2010）. 这辈子，你最应该知道的事：心理学家教你 76 个思考技巧 . 旅游教育出版社 .
王莉 .（2013）. 最实用的趣味心理学：轻松揭秘日常生活中不可思议的心理现象 . 北京时代华文书局 .
徐富明等 .（2011）. 行为决策中的忽略偏误：心理机制与影响因素 . 心理科学进展，19，1834-1841.
（英）怀斯曼著，路本福译 .（2009）. 怪诞心理学：揭秘不可思议的日常现象 . 天津教育出版社 .

图书在版编目（CIP）数据

没有你，我可以过得更好：最强大的分手指南 / 王莉著.—长春：北方妇女儿童出版社，2015.5

ISBN 978-7-5385-9145-3

Ⅰ.①没… Ⅱ.①王… Ⅲ.①恋爱–通俗读物
Ⅳ.①C913.1-49

中国版本图书馆CIP数据核字（2014）第309375号

出 版 人　刘　刚
策　　划　余　雨
责任编辑　张晓峰
封面设计　李彦生
开　　本　787mm×1092mm　　1/16
印　　张　14
字　　数　180千字
印　　刷　北京鹏润伟业印刷有限公司
版　　次　2015年5月第1版
印　　次　2015年5月第1次印刷

出　　版　北方妇女儿童出版社
发　　行　北方妇女儿童出版社
地　　址　长春市人民大街4646号
邮　　编　130021
电　　话　编辑部：0431-85037512
发 行 科　0431-85640624

定　　价　29.80元